中原名师出版工程
教育思想与实践系列

守护幼儿平安的防线

幼儿园日常安全隐患与管理策略

弯丽君 著

中原出版传媒集团
中原传媒股份公司

大象出版社
·郑州·

图书在版编目（CIP）数据

守护幼儿平安的防线：幼儿园日常安全隐患与管理策略/弯丽君著.—郑州：大象出版社，2018.9
（中原名师出版工程）
ISBN 978-7-5347-9915-0

Ⅰ.①守… Ⅱ.①弯… Ⅲ.①幼儿园—安全管理 Ⅳ.①G617

中国版本图书馆 CIP 数据核字（2018）第 197512 号

守护幼儿平安的防线
——幼儿园日常安全隐患与管理策略
弯丽君　著

出 版 人	王刘纯
责任编辑	张　欣　张　阳
责任校对	钟　骄

出版发行	大象出版社（郑州市开元路 16 号　邮政编码 450044）
	发行科　0371-63863551　总编室　0371-65597936
网　　址	www.daxiang.cn
印　　刷	河南文华印务有限公司
经　　销	各地新华书店经销
开　　本	787mm×1092mm　1/16
印　　张	13.25
字　　数	175 千字
版　　次	2018 年 9 月第 1 版　2018 年 9 月第 1 次印刷
定　　价	34.00 元

若发现印、装质量问题，影响阅读，请与承印厂联系调换。
印厂地址　新乡市获嘉县亢村镇工业园
邮政编码　453800　　　　电话　0373-5969992　5961789

"中原名师出版工程"编委会

主　任　丁武营

副主任　张振新　周跃良

委　员　郑文哲　林一钢　吕关心　闫　学　张文质　姜根华
　　　　　陈秉初　黄　晓　杨光伟　刘　力　童志斌　罗晓杰
　　　　　钟晨音　吴惠强　刘燕飞　丁亚宏　窦兴明　李　丽
　　　　　刘富森　申宣成　杨伟东　禹海军　张海营　张　琳
　　　　　谢蕾蕾　董中山　郭德军

总 序

对于一个优秀教师来说，将自己对教育教学的思考在写作中表达出来，是非常自然的一件事。正如玛格丽特·杜拉斯在《写作》中说的："写作像风一样吹过来，赤裸裸的，它是墨水，是笔头的东西，它和生活中的其他东西不一样，仅此而已，除了生活以外。"杜拉斯把自己的写作区别于日常生活中具体的事物，而将其看作生活本身。我十分认同这样的说法。从许多优秀教师的成长经历来看，教育写作就是教育生活本身。当我们学会了把教育生活中的各种场景纳入自己的视野，融入自己的思考，通过写作诚实地记录下来，我们就找到了一条属于自己的专业发展之路。

正是看到了教育写作在教师专业发展中的重要意义，河南省教育厅与浙江师范大学启动了"中原名师教育写作出版计划"。河南是我国的教育大省，有一大批非常优秀的教师逐渐崭露头角，而"中原名师"是其中的佼佼者，他们在各自的学校和不同的教育教学领域取得了一定的成绩，及时总结、提炼、展示、推广他们的研究成果非常必要。我和张文质老师被聘请为"中原名师教育写作出版计划"的首席写作导师，肩负指导"中原名师"写作、出版教育教学专著的重任。这可能也是目前国内唯一旨在帮助优秀教师实现教育教学专著出版的省级培训项目，开辟了教师培训内容与形式的崭新领域，具有开创性意义。经过近两年的艰苦努力，目前这项计划终于迎来了阶段性成果：弯丽君等第一批9位"中原名师"的12本教育教学专著即将正式出版。从书稿情况来看，选题、内容可谓多样：既有学科教学方面的，也有班级管理方面的；既有比较严谨的学术论著，也有可读性较强的教育教

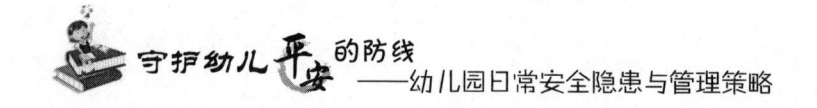

学随笔；既有义务教育阶段的，也有幼儿、高中阶段的。另外，还有计划第二批出版的书稿正在整理之中。

捧读这些沉甸甸的书稿，我心中充满感慨。

我想到了每一位作者的面庞，看到了那些闪亮的眼神。大家都非常清楚，对于一个渴望成长、追求专业发展的教师来说，教育写作是自我提高的一条基本路径。教育写作能清晰地记录一个教师专业成长的轨迹。教师可以在写作的过程中不断审视、反思自我，不断积累、总结与提炼，无论是初尝成功的经验，还是尝试摸索中的所谓教训，都是十分宝贵的财富。苏霍姆林斯基曾鼓励教师每天都写教育日记（也就是我们常说的"教育叙事"），认为这样的写作具有重大价值："凡是引起你的注意的，甚至引起你一些模糊的猜想的每一个事实，你都把它记入记事簿里。积累事实，善于从具体事物中看出共性的东西——这是一种智力基础，有了这个基础，就必然会有那么一个时刻，你会顿然醒悟，那长久躲闪着你的真理的实质，会突然在你面前打开。"这些"中原名师"正是通过写作将自己日常教育教学的点点滴滴慢慢积累起来的，而实施"中原名师教育写作出版计划"就是为了帮助他们打开真理之门。

我还想到了每本书稿选题的艰难，想到了那些为了确立书稿选题所经历的热烈讨论，既有面对面的沟通，也有无数次邮件、短信与电话往来。由于每一位作者所在的区域不同，所教学段、学科不同，研究基础、研究方向也各不一样，如何将那些最有价值的研究成果梳理、提炼出来，并形成相对集中的研究主题以专著的形式呈现，是我和张文质老师以及每一位作者需要面对的挑战。沟通、选择的过程非常重要，也非常辛苦。这主要是由于各位作者在实践层面的经验、成果内容非常多样造成的：往往一个教师提供的同一本书稿，在内容上既有学科教学方面的，也有班级管理方面的，甚至还有其他学科领域的，这固然反映了一线教师工作繁杂多面的实际情况，但对于专著出版来说，主题不够突出无疑是大忌，也会遮蔽那些更有价值、更值得推广

总 序

的内容。经过半年多的反复讨论，第一批"中原名师"作者如弯丽君、李阿慧、徐艳霞、李桂荣、孟红梅等老师，首先确定了选题，开启了教育写作之路；而另一批作者如刘忠伟老师则更改了选题，另起炉灶，毅然开启了新的写作计划，这其中的勇气也让人深为佩服。

当然，我也想到了每一位作者所经历的艰苦的写作过程。由于绝大多数老师积累的文稿是基于实践经验，致使有些内容在学理上存在问题，论述、论据都不够严谨，容易引起歧义；也有些内容所呈现的研究过程与研究成果不够完整，材料繁杂、枝蔓较多，如何去芜存菁留下最有价值的东西，如何修改、完善那些不够成熟的地方，也是摆在每一位作者面前的挑战。值得指出的是，对文稿不断修改、完善的过程虽然艰苦，但其实是非常宝贵的研究经历——看似是教育写作的过程，其实又是学术研究的过程，写作本身成为思维与学术的双重训练，成为提炼教育教学理念、凸显教育教学风格的基本路径。如韩秀清、董文华、王海东、李桂荣等几位老师，正是经历了这样的写作和研究过程，他们最终创作出很有价值的作品。如果说在专著出版之前，这些老师的教育教学风格还不够鲜明，尚未在更大的范围内得到认可，那么我相信，专著的公开出版，将有力地促进他们教育教学成果以及个人教育教学风格的传播与推广，塑造"中原名师"更加美好、专业的形象，成为河南教师乃至全国教师的偶像。而这，也是浙江师范大学继续教育学院与河南省教育厅决定实施该项教育写作出版计划的重要目的之一。

对于各位作者而言，他们没有辜负岁月，岁月也没有辜负他们。

对于导师而言，能够参与这个项目，帮助各位作者，是充满欣慰的，甚至超过了自己出书时的喜悦。

感谢各位读者，如果您翻开这些书，您会看到有那么一些人，是如何执拗地表达着对岁月和信仰的敬意。

闫　学

2018 年 8 月 18 日于杭州

代 序

2017年6月，弯丽君园长托我为她的第一本教育专著写序，这是一件既令我深感荣幸又颇令我为难的差事。荣幸之处在于，本人才疏学浅，却能够受到名师的赞赏和尊重，有机会隆重推介她的大作，实在是荣幸之至。为难之处在于，本人未曾上过一天幼儿园，本科学的是政治经济学专业，大学毕业后一直从事的是中学政治课教学与研究工作，对幼儿教育知之甚少，所以拿到书稿后，再三翻阅，反复思考，却总是难以下笔。直到近日喜讯传来，得知本书即将出版，而且，弯园长采纳了我的建议，将书名由最初的《幼儿园的安全一日》改为《守护幼儿平安的防线——幼儿园日常安全隐患与管理策略》，于是我又鼓足勇气为其作序。

在人生之路上，我们要面对诸如正误、善恶、真伪等问题，我们的思想会一次又一次地被带回到幼儿园的那间教室里——那个我们幼年时给我们传授关于人类进取精神基本概念的地方。正如美国著名作家罗伯特·福尔格姆在《那些人生中最重要的道理我在幼儿园里都学过了》一书中所说："智慧并不在研究生院高不可攀的山峰上，而在儿童玩耍的沙堆里。那些最初的原则，永不过时……"3~6岁是一个人心智发育的重要时期，这段时间内形成的习惯、性格对人会产生终生的影响。梁启超先生曾说："人生百年，立于幼学。"幼儿园的教育，正是为了给孩子奠定一生平安幸福的基础。

社会安全中最重要的是人身安全，最让人牵挂揪心的是孩子的安全，尤其是学前幼儿的安全。幼儿自我保护意识淡薄，自我保护能力欠缺，极易发生意外伤害。如何减少意外伤害的发生，提高幼儿的生存质量，已成为家庭、幼儿园乃至整个社会所关注的问题。对幼儿园来说，安全是基础，在安全的基础上，才能谈教育、谈多种教学模式，孩子们才能健康快乐地成长。

那么，我们通过什么方式来保护幼儿的生命和促进幼儿健康快乐地成长呢？首先，幼儿园全体教职工要有高度的安全意识及丰富的安全知识，时刻关注幼儿的安全，不可大意。其次，通过家园配合，形成教育合力。可以充分利用家长开放日、专题活动、宣传讲座等形式向家长介绍培养幼儿自我保护能力对幼儿健康成长的重要意义，增强家长培养幼儿自我保护能力的意识，共同提高幼儿自护、自救的能力。

弯园长的这本书写得非常及时，针对性强，很有特色。全书把幼儿园一日生活划分为十三个环节，包括入园、盥洗、进餐、如厕、饮水、集体教育活动、区域活动、户外自由活动、体育游戏活动、散步、午睡、大型活动和离园，介绍了各个环节可能存在的安全隐患，并结合近三十年的扎实工作经验，提出了科学合理的应对策略。每个环节都有恰当丰富的案例，有朗朗上口的儿歌，既富有教育性，又具有可读性，非常实用，既可一口气通读全书，通盘了解幼儿园一日生活中各环节的安全隐患与对策，也可将其作为工具书常伴左右，在工作或生活中随时翻查，破疑解惑。

"失了一颗马蹄钉，丢了一个马蹄铁；丢了一个马蹄铁，折了一匹战马；折了一匹战马，损了一位国王；损了一位国王，输了一场战争；输了一场战争，亡了一个帝国。"所有的大事都由无数小事——也就是细节所构成，将细节做到完美，结果才有可能完美。人的一生也是由无数细节组成的，细节决定成败，只有将细枝末节的事情做好，才会有成功的事业和人生。

安全无小事，警钟须长鸣。一事安全，才会事事安全；每日安全，才会有一生的平安。愿弯园长这本书的出版，能够助力我省幼儿教育的发展，为更多幼儿将来走上成人成才成功之路奠定坚实的人生基础。

杨伟东
2018 年 6 月 30 日

自 序

不知不觉中，自己从事学前教育已有二十七个年头。蓦然回首，孩子们一张张天真活泼的笑脸，就像夏夜里洒满天空、不停眨眼的星星，缀满了我无怨无悔为之奋斗和充满自豪感的青春岁月。

记得在浙江师范大学培训时，在写作答辩环节，写作导师闫学老师关切地问我准备构思什么写作内容，我不假思索地脱口而出："安全。"当时闫老师在心里或许会有些惊讶：作为一名从基层一步步选拔上来、头上戴满各种光环的教师，应该说有丰富的教学实践经验和相关的研究成果来书写自己的教学专著，却为何这样斩钉截铁、掷地有声地给出这样的答案呢？

这是因为，多年来危及幼儿安全的问题，一直是悬在教育管理者头顶的达摩克利斯之剑，令人食不甘味，夜不能寐，苦苦探索寻求完善的解决方案。我下定决心，为了千千万万个家庭的幸福和千千万万个孩子的健康成长，我要以我的真诚与努力，用真情实感写一部安全教科书，以求唤起家庭、幼儿园及社会各阶层对幼儿安全的高度重视，共同给可爱的孩子和家庭撑起一片平安幸福的天空。

二十七年的学前教育工作让我深刻地认识到，安全不能仅仅被理解为工作需要，不能仅仅停留在抽象的工作形式上。安全源于我们日常形成的较强的安全意识和良好的安全行为习惯，源于我们积累的工作经验和崇高的职业道德，源于我们细致入微、一丝不苟的工作作风，源于我们强烈的责任心和博大的胸怀，源于我们所肩负的承前启后、继往开来的神圣使命和文化启蒙的伟大重任。

因能力、视野所限，我只能力所能及地把自己所见、所闻、所经

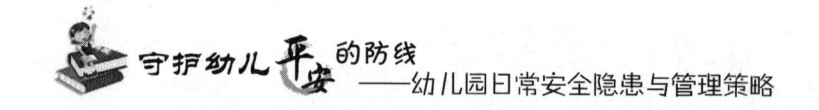

历的有关幼儿安全方面的问题编辑成册，尽微薄之力给广大学前教育工作者提供参考。我认为，幼儿园的安全一日，应该是学前教育工作的重中之重，没有安全为幼儿、为幼教工作保驾护航，再好的理论教育都显得苍白无力，最终结果都是徒劳。

在写作之前，我沉思良久，使命感促使我最终坚定信念，确定以讲故事的方式，认真梳理所有经历过和看到过的安全方面的案例。在写作中，我按学前教学时间段的先后顺序，从不同角度、以不同视野逐一展开。案例较多，目的指向性和实用性较强，将幼儿在园一日的各个环节和时间段容易发生安全隐患的情况一一指出来，提醒教师安全隐患在什么时间节点和环节容易发生，从而让教师高度关注这些节点和环节，时刻绷紧安全这根弦。

写作本书时，我的总体思路是，以培养体、智、德、美诸方面全面发展的高素质幼儿并为其将来走上成人、成才、成功之路奠定坚实的人生基础为总目标，以为幼儿健康成长保驾护航为主线，将"安全"二字贯穿幼儿园教育的始终，并在关键节点穿插相应的儿歌进行警示提醒，以增强感染力。本书分为十三章，各章有不同的主题，看似独立，却又以幼儿园一日教学活动为主要内容有序相连，紧密衔接，形成一个完整的整体，具有系统性、完整性、连续性。各章根据主题需要又列举具体案例，以讲小故事与事理紧密结合的方法展开阐述，使本书更具可读性，富有教育性、可参考性、可借鉴性的价值。

本书关注的都是日常教学生活中的一些难以引起我们注意的平常小事。正是这些看似平常的小事，稍有一点小小的忽视，就会严重威胁幼儿的健康成长，吞噬家庭的幸福和期望。对家长来讲，安全无小事；对教育工作者来讲，责任大如天。如果家长和幼儿园紧密配合，沟通畅通无阻，责任落实到位，就能给孩子一个安全的环境。让我们把一切不利于孩子成长的安全隐患消灭在萌芽之中，使我们的孩子沐浴爱的阳光，健康成长。

希望本书的出版发行，能给工作在一线的教师提供有益的参考和帮助，让我们的孩子更安全，让我们的花朵更灿烂；也期望本书能给我们广大的家长朋友，特别是年轻的家长朋友，在有关日常安全教育方面带去一丝温暖的风，吹散盘旋在孩子头顶、影响孩子安全健康成长的阴霾，让家庭更和睦、更幸福、更美满，让我们的孩子更安全、更快乐、更健康。

由于时间紧迫，工作繁忙，加上本人水平有限，书中可能有一些缺陷和不足，敬请同行和专家指正。

弯丽君

2018 年 6 月 30 日

目　录

第一章　入园环节存在的安全隐患及对策/ 1

防止幼儿走失/ 3

案例/ 3

一、家长没有将孩子亲手交给老师，导致孩子走失/ 3

二、家长送孩子不到位，致使孩子走失/ 4

应对策略/ 5

一、幼儿园应对策略/ 5

二、教师应对策略/ 5

三、家长应对策略/ 7

防止幼儿携带危险物品入园/ 7

案例/ 8

一、打火机，大危险/ 8

二、水果刀悄然入园，危险无处不在/ 9

三、绣花针，藏风险/ 9

应对策略/ 11

一、幼儿园应对策略/ 11

二、教师应对策略/ 11

三、家长应对策略/ 11

防控幼儿传染病/ 12

案例/ 12

一、急性结膜炎，工作细致早防范/ 12

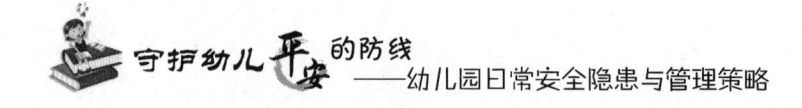

二、春季疫病难防范，稍有不慎传一片／13

　　三、流感不分季，传染迅速莫大意／14

应对策略／15

　　一、幼儿园应对策略／15

　　二、教师应对策略／16

　　三、家长应对策略／16

第二章　盥洗环节存在的安全隐患及对策／23

案例／25

　　一、小朋友互不谦让，行为过激导致磕伤／25

　　二、忘情打水仗，滑倒造成手臂骨折／26

　　三、良好常规养成，从注重细节开始／26

应对策略／27

　　一、幼儿园应对策略／27

　　二、教师应对策略／28

　　三、家长应对策略／29

第三章　进餐环节存在的安全隐患及对策／31

案例／33

　　一、进餐应遵守纪律，随意走动隐患多／33

　　二、用餐方式要健康，坏习惯引发大问题／33

　　三、食物过敏要忌嘴，违反禁忌出大事／34

　　四、吃鱼要小心，鱼刺卡喉须求医／34

　　五、餐具当玩具，勺子划破嘴／35

　　六、进餐秩序乱，筷子会伤人／36

应对策略／36

　　一、幼儿园应对策略／36

　　二、教师应对策略／37

　　三、家长应对策略／40

目 录

第四章　如厕环节存在的安全隐患及对策 / 43

案例 / 45

一、争抢便位，导致幼儿意外受伤 / 45

二、培养亲近感，小毛病需心理医 / 46

三、盥洗室地面滑，安全事故频发生 / 46

四、幼儿打闹要防范，抓伤碰伤常发生 / 47

五、关门要观察，避免伤到人 / 47

应对策略 / 48

一、幼儿园应对策略 / 48

二、教师应对策略 / 48

三、家长应对策略 / 49

第五章　饮水环节存在的安全隐患及对策 / 53

案例 / 55

一、小过失，酿成烧伤大问题 / 55

二、饮水要适量，身体才健康 / 56

三、饮水不卫生，细菌感染易生病 / 56

四、细微失误隐忧在，事故时时会发生 / 57

五、教师缺位有漏洞，安全事故常发生 / 58

六、操作热水壶，烫出大水泡 / 58

应对策略 / 59

一、幼儿园应对策略 / 59

二、教师应对策略 / 60

三、家长应对策略 / 61

第六章　集体教育活动环节存在的安全隐患及对策 / 65

案例 / 67

一、外出离园参加活动，安全监管不能缺失 / 67

二、音乐游戏活动，幼儿意外磕伤 / 68

三、游戏活动难监控，幼儿互撞有风险 / 69

四、动手小制作，方法错误划破手/ 69
　　五、工具使用不小心，剪刀伤了小脸蛋/ 70
　　六、争位置不谦让，椅子挤伤小手/ 71
　　七、拉着椅子跑，小腿被撞骨折/ 72
　　八、活动秩序混乱，安全危险显现/ 72
　　九、细节不注意，吸管扎伤嘴/ 73
　应对策略/ 74
　　一、幼儿园应对策略/ 74
　　二、教师应对策略/ 74
　　三、家长应对策略/ 76

第七章　区域活动环节存在的安全隐患及对策/ 79

　案例/ 81
　　一、豆子塞入鼻孔，造成安全隐患/ 81
　　二、小圆球，大危险/ 82
　　三、遇事不懂谦让，引发安全事故/ 83
　　四、文具乱摆放，活动区不安全/ 83
　　五、好奇误吞玩具，危险无处不在/ 84
　　六、争抢玩具，互不相让抓破小脸/ 85
　　七、搭积木，看似安全有隐患/ 85
　　八、烘焙活动热情高，安全措施要到位/ 86
　　九、预案虽详尽，看似安全仍有隐患/ 87
　应对策略/ 88
　　一、幼儿园应对策略/ 88
　　二、教师应对策略/ 89
　　三、家长应对策略/ 91

第八章　户外自由活动环节存在的安全隐患及对策/ 95

　案例/ 97
　　一、上下楼梯，隐藏安全隐患/ 97

二、滑梯速度难控制，稍有不慎伤身体/ 98

三、滑滑梯时要仔细，防止衣帽绳子缠脖子/ 98

四、荡秋千隐患大，安全存忧真可怕/ 99

五、攀登架，措施不力隐患大/ 99

六、玩具场禁止打闹，安全防范最重要/ 100

七、玩具场捉迷藏，安全隐患需防范/ 101

八、小沙子大隐患，教师要重点防范/ 101

九、过吊桥失平衡，小脸划伤真心疼/ 102

十、不排队，秩序乱，孩子打斗需防范/ 102

应对策略/ 103

一、幼儿园应对策略/ 103

二、教师应对策略/ 104

三、家长应对策略/ 106

第九章　体育游戏活动环节存在的安全隐患及对策/ 109

案例/ 111

一、体育游戏风险大，方案详细不可怕/ 111

二、幼儿天性爱表现，兴奋过度藏隐患/ 111

三、"钻山洞"有风险，粗心大意擦破脸/ 112

四、接力赛，场面激烈隐忧在/ 113

五、体育课关键点要防范，看似安全有风险/ 114

六、体育活动内容简单，稍有疏忽仍存安全隐患/ 115

七、"捉尾巴"，肢体碰撞隐患大/ 115

八、幼儿情绪难控制，意想不到出问题/ 116

九、滚轮胎，稍有不慎出危险/ 117

十、爬竹梯，不守规则存隐患/ 117

十一、不守秩序，争抢沙包手受伤/ 118

十二、衣帽绳子意外挂在攀登架，拉伤脖子真可怕/ 119

十三、手球比赛耗体力，运动过量拉伤韧带/ 119

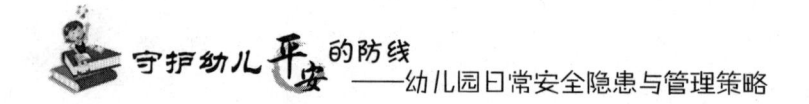

应对策略/ 120
    一、幼儿园应对策略/ 120
    二、教师应对策略/ 121
    三、家长应对策略/ 123

第十章 散步环节存在的安全隐患及对策/ 127

案例/ 129
    一、幼儿倒走太顽皮，摔倒在地受了伤/ 129
    二、饭后散步，好奇动作伤小手/ 130
    三、好奇捉蜜蜂，小手被蜇伤/ 130
    四、教师看管不到位，餐后散步存隐患/ 131
    五、室外散步须警惕，孩子兴奋出问题/ 131
    六、夏季小虫多，误入眼睛莫上手/ 132
    七、兴奋好奇摸花朵，月季刺破孩子小手/ 133
    八、室外活动放松警惕，三个孩子脱离看管/ 133
    九、散步活动刚结束，幼儿惊厥人担忧/ 134
    十、插座安装不规范，孩子插拔遇危险/ 135
    十一、消毒用品管理不善，分分秒秒藏隐患/ 136
    十二、户外散步活动，孩子安全难把控/ 136
    十三、常规散步无特别，手臂脱臼有故事/ 137

应对策略/ 138
    一、幼儿园应对策略/ 138
    二、教师应对策略/ 139
    三、家长应对策略/ 140

第十一章 午睡环节存在的安全隐患及对策/ 143

案例/ 145
    一、教师工作要仔细，吃饭也有大隐患/ 145
    二、纽扣入耳，损伤耳膜/ 146
    三、幼儿叠被掉下床，安全事故敲警钟/ 146

四、活动管理出漏洞，午休环节埋隐患/ 147

五、午睡后打闹，床上坠落风险大/ 148

六、午睡时教师脱岗，孩子自由玩耍/ 148

七、午睡孩子爬窗，防护栏失修引祸端/ 149

应对策略/ 149

一、幼儿园应对策略/ 149

二、教师应对策略/ 150

三、家长应对策略/ 152

第十二章 大型活动环节存在的安全隐患及对策/ 155

案例/ 157

一、"六一"会演出意外，祸因居然是鞋带/ 157

二、春游活动谨防范，幼儿磕伤出意外/ 158

三、参观秋收秋种，孩子被植物叶子划破手指/ 159

四、室外活动隐患多，预案细致不出错/ 160

五、开放日家长多，空间狭小惹灾祸/ 161

六、春季运动会有预案，把控不好安全难/ 161

七、大班毕业典礼，易发生安全隐患/ 162

八、演习逼真当实战，演练更能见端倪/ 163

应对策略/ 163

一、幼儿园应对策略/ 163

二、教师应对策略/ 165

三、家长应对策略/ 166

第十三章 离园环节存在的安全隐患及对策/ 171

案例/ 173

一、临近放学心浮躁，避免碰伤最重要/ 173

二、心情激动迎家长，行动慌乱头磕伤/ 174

三、送接环节出疏漏，监管缺位有隐患/ 174

四、接到孩子要监管，孩子活跃不安全/ 175

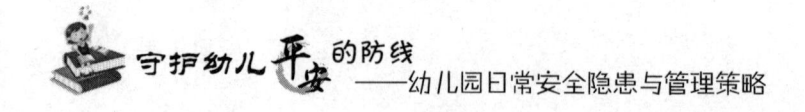

五、接到孩子须监管，孩子疯玩最危险/ 176

　　六、家长安全意识淡薄，幼儿意外摔下楼梯/ 176

　　七、家长放任孩子嬉戏，危险随之而来/ 177

　　八、规章制度不落实，安全漏洞须警惕/ 177

　　九、交接不到位，安全隐患大/ 178

　　十、家长有失监管，孩子遇到危险/ 178

　　十一、家长聊天太投入，孩子丢失引慌乱/ 179

应对策略/ 180

　　一、幼儿园应对策略/ 180

　　二、教师应对策略/ 181

　　三、家长应对策略/ 183

后　记/ 187

第一章

入园环节存在的安全隐患及对策

第一章 入园环节存在的安全隐患及对策

入园活动是幼儿一日学习、生活的开始，把好入园关是幼儿一日安全学习、生活的关键。每日入园时，因幼儿人数多且集中，容易发生拥挤、碰撞、走失等情况，局面不易管控，是易发、多发安全隐患的环节。幼儿园、教师如果在细节上管理不善，责任落实不到位，容易发生安全隐患。只有思路明确、有的放矢地加以科学应对，才能防患于未然。为此，本章列举相关具体案例，加以重点阐述，以强调把好幼儿入园关的重要性。

防止幼儿走失

幼儿走失是幼儿园常见的一类安全事故，同时也是令幼儿园、教师及家长们痛心疾首和防不胜防的安全隐患，相关事件频频见于媒体报道。由于幼儿自我保护能力较弱，一旦走失，倘若遭遇不法分子拐骗或发生意外事故，往往会给家庭带来沉重的打击和无法挽回的痛苦。就幼儿自身来讲，往往会给其带来无法弥补的心灵创伤。

案例

一、家长没有将孩子亲手交给老师，导致孩子走失

早上7：50，明明妈妈因上班时间将到，怕上班迟到，没有按幼儿园要求把孩子亲自交给老师，而是将明明送到幼儿园大门口，让明明独自进班。妈妈目送明明进了幼儿园后，便急匆匆地上班去了。

妈妈刚走不久，明明突然想起自己的课本忘在了妈妈的包里，于是就转身跑出幼儿园去追赶妈妈。由于母子之间距离不是太远，幼儿园门卫也就没有加以阻拦，但妈妈没有听到明明的呼唤，便乘车上班去了。

明明顺着妈妈乘车的方向追赶，等车消失以后，凭自己的记忆独自寻找妈妈的工作单位。但因记忆不太准确，明明迷失了方向，坐在路边哭了起来。

街边走过一位老奶奶，看见明明在路边哭，关切地问他为什么哭，明明说自己找不到妈妈了。好心的老奶奶以为明明和父母走散了，就在原地等明明的父母，等了半个小时不见有人来，就牵着明明的手把他送到附近的派出所，这时已是上午10点多。

警方通过联系，终于找到了明明妈妈，当民警给明明妈妈打电话让她来领孩子时，明明妈妈吓得魂飞魄散，一路飞奔到了派出所，把险些走失的明明紧紧地搂在怀中。

后来，明明妈妈坦承自己送孩子的时候没有遵守幼儿园规定，自己有过失，负有一定的责任。同时，园方也积极进行整改，要求门卫安保、教师等严格落实安全管理措施，避免这种情况再次发生。

二、家长送孩子不到位，致使孩子走失

聪聪爸爸开车送聪聪去幼儿园，按照交通管理规定，幼儿园门口禁止停车，附近没有划定车位，加上送孩子时间段人流集中，不容易停车，于是，聪聪爸爸把车开到幼儿园门口，让聪聪一个人下车到幼儿园。

聪聪下车后，与爸爸挥手再见。目送孩子到了幼儿园大门口，后边车辆不停地鸣笛催促，聪聪爸爸便放心地驾车离去。这时聪聪发现自己的水杯还在爸爸的车上，就急忙去追爸爸取水杯。但爸爸没有看见在后面追自己的儿子，聪聪一路小跑，连追了两个路口也没追上，实在跑不动了，就站在路口哭了起来。

这时一位上班的阿姨路过，看见聪聪在独自哭泣，就问他怎么了，聪聪说找不到爸爸了。好心的阿姨让他不要哭，答应帮他找爸爸，好在聪聪知道爸爸的电话号码，阿姨用自己的手机拨通了聪聪爸爸的电话。了解情况后，聪聪爸爸懊恼不已，匆忙赶来，对这位好心的阿姨表示感谢，并把车子停在了合适位置，重新按幼儿园的要求把聪聪手把手地交给了老师。

一个看似没有问题的交接环节，导致安全隐患的发生，差一点酿成大祸，给聪聪爸爸上了一节心惊胆战的安全课。

第一章　入园环节存在的安全隐患及对策

应对策略

一、幼儿园应对策略

1. 制定《幼儿园接送环节安全管理制度》，明确家长接送幼儿的职责与要求，要求家长严格遵守幼儿园的接送制度，严防幼儿走失。开学初，召开新生家长说明会，让家长详细地填写幼儿基本情况统计表，并告知家长幼儿园安全教育的内容、方法及措施，要求家长坚持接送幼儿，教育幼儿不能随意走出幼儿园、不跟陌生人走等。把刚入园幼儿容易走失的现象告知家长，使家长与幼儿园协调一致，紧密配合，严把幼儿入园这一关。

2. 制定《幼儿园教师一日生活程序》，明确幼儿园接送时段教师的岗位职责，要求教师按照职责分工做好接送工作，保证幼儿安全。

3. 制定《幼儿园门卫管理制度》，严管大门，防止幼儿走失。加强幼儿园门卫的管理工作，做到来人必须登记。接幼儿出园，家长必须持有接送卡。教师要及时关好活动室的大门，严防幼儿趁教师不注意溜出活动室，走出幼儿园。门卫要认真把好校门，特别要防范幼儿在家长不知情的情况下尾随其后离开幼儿园。

4. 对于从班内单独出来的幼儿，门卫值班人员必须截留查问，及时通知幼儿的班主任，让值班教师先接幼儿回到本班。班主任要及时清点班级幼儿人数，以免幼儿走失。值班园领导应根据情况决定是否启动幼儿园安全应急预案。幼儿园针对班级教师的失误，根据幼儿园安全规定，视情节轻重给予相关责任人处罚。

二、教师应对策略

1. 要认真看护幼儿入园，幼儿入园时应做好晨检接待工作，保管好幼儿物品，如幼儿携带有幼儿园规定禁止携带的危险物品，要与家长及时沟通。

2. 一旦发现幼儿走失，应立即向幼儿园领导汇报，并第一时间告

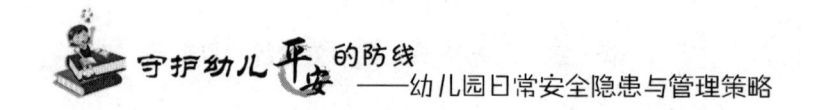

知家长，请警方协助寻找。首先在幼儿园内寻找，并通过幼儿园的监控设备了解幼儿出入的情况，为迅速寻找幼儿提供可靠、可信的依据。

3. 班级教师合理分工，明确责任、站位与工作要点，共同组织管理看护幼儿。由于晨间是接待幼儿的高峰期，幼儿及家长人数多，人来人往，又要组织活动，细节上管理不善，稍有疏忽，便容易发生安全隐患，对此教师要做到心里有数，忙而不乱。

4. 热情地迎接幼儿和家长，主动与家长进行交流。每天上学期间，坚决要求家长亲手把幼儿交到值班教师的手中后方可离开，不要在幼儿未进班甚至未进校门的情况下就转身离开。（这一点需要教师不厌其烦地反复提醒）

5. 上学期间，值班教师应当做好幼儿的考勤工作。当天来了多少人？谁没来？原因是什么？教师对此一定要做到心中有数。幼儿集体离开教室、回到教室、午睡以及教师交接工作时，都要清点人数，做好记录，做到搭班教师人人心中有数。在幼儿参加室外活动或校外活动的过程中，教师要保证所有的幼儿都处在自己的视野范围之内，防止幼儿离群单独活动，必要时应随时清点人数。另外，教师要做好上下班的交接工作，交接过程一定要细致明了，如有特殊情况，一定要交代清楚。

6. 教师平时应当对幼儿开展防走失、防拐骗的安全教育与演练，通过演习、做游戏、讲故事等多种方式，增强幼儿的自我保护意识，提高其自我保护能力。要让幼儿记住自己所在幼儿园的名称、家长的电话、家庭住址，教育其不要单独外出，不要跟陌生人说话，不要吃陌生人给的食品，更不能跟陌生人走，重点强调遇到紧急情况时要向警察、学校等有可靠保证的单位或个人求助。

7. 小班新入园的幼儿，由于年龄小，正处于心理脆弱期，离开家长，有的哭闹不止，有的在活动室到处乱跑。班里的教师要分工明确，在短时间内熟悉幼儿，并采取有效措施缓解、消除幼儿的紧张心理和焦虑情绪，以免幼儿因哭闹不止而造成身体不适。教师要和幼儿建立感情，让幼儿产生信任感、依赖感、安全感。教师要勤点名，强调和告知幼儿走失后的危险。

三、家长应对策略

1. 为了保证幼儿的安全，家长要遵守幼儿园的各项管理制度，入园时务必把幼儿送交给值班教师，办理送交幼儿手续，拿走接送卡；下午要拿接送卡接幼儿。接到幼儿后，要注意安全，不要让幼儿乱跑，以免走失。

2. 家长如有特殊情况不能来接幼儿，必须与值班教师及时沟通，告知由谁来接。负责接幼儿的人一定要持接送卡，并和值班教师沟通清楚，最好当着值班教师的面给家长打电话，让值班教师当面接听电话，确认准确无误后，填写好接送记录，同时按要求完成与值班教师的交接手续。

3. 家长应告知幼儿要遵守幼儿园的管理规定，未经教师允许不能私自离开幼儿园。给幼儿讲明私自离开幼儿园存在的危险，让幼儿懂得要从小养成遵守规则和保护自己的习惯。

4. 家长应注意告知幼儿回家的路线、家人的电话号码及求救电话，告知幼儿如果接送时段和父母走散，应如何和家人联系，寻找什么样的人提供帮助最放心、最安全，让幼儿对此种情况有正确的认识，学会更有效地保护自己。

防止幼儿携带危险物品入园

幼儿由于年龄小，缺乏生活经验，安全意识淡薄，不懂得什么是危险物品，好奇心又强，对一切都想亲身尝试，往往会趁家长不注意时携带危险物品入园，如打火机、刀、针等，这些都存在极大的安全隐患。

守护幼儿平安的防线——幼儿园日常安全隐患与管理策略

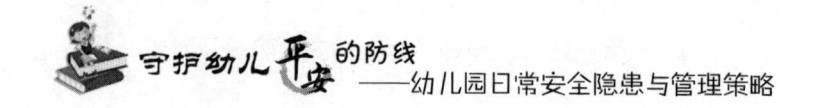

案例

一、打火机，大危险

在刚入园的户外晨间活动中，值班的李老师听到亮亮的一声啼哭，迅速跑了过去，只见亮亮的眉毛被烧了一半，左腮通红。这时李老师发现和亮亮在一起的东东把一只手背在身后，低着头不敢看老师。李老师询问东东发生了什么情况，问东东背在身后的手里拿的是什么东西。紧张的东东慢慢地伸出小手，竟然是一只打火机和一根蜡烛，东东的小手也被烫得红红的。李老师问东东这些危险物品是不是他带到幼儿园的，东东点点头，承认了自己的行为。李老师握住仍处于惊恐中的东东的小手并告诉他，打火机是危险物品，不能带到幼儿园。东东知道自己犯了错，不敢吭声。李老师带着亮亮和东东迅速赶去保健室，保健医生针对他们的伤情进行了相应的处理。

原来，昨天东东过生日，妈妈买了生日蛋糕，点蜡烛、唱生日歌后，东东看到点燃的蜡烛很好看，出于好奇就偷偷地把打火机、蜡烛装进口袋，带到幼儿园向其他小朋友炫耀。趁晨间活动老师在前面领队的间隙，他迅速把蜡烛点燃，让小伙伴们看。亮亮出于好奇，就凑过去向东东要蜡烛，结果被蜡烛烧到了眉毛和小脸，东东由于和亮亮抢夺，小手也被烫伤。

放学接孩子的时候，老师对亮亮妈妈讲明了事情的经过并表示歉意。看到孩子的脸蛋被烧伤，眉毛残缺不全，亮亮妈妈非常生气，并认为孩子小，自我保护能力差，老师没有尽到责任，如果发生更严重的伤害，会影响孩子的一生。但看到老师态度诚恳，亮亮妈妈的情绪稳定之后，也没有再过多地为难老师。老师又对东东妈妈讲明发生的事情，东东妈妈向亮亮妈妈表示了诚恳的歉意。为避免产生不良后果，双方家长带亮亮到正规烧伤医院作了进一步诊治，东东妈妈承担了相应的医疗费用。通过这件事情，东东妈妈认识到自己对孩子的日常行为疏于监督，决定今后要时刻关注孩子的行为，坚决让孩子远离危险物品。

二、水果刀悄然入园，危险无处不在

幼儿园刚开学不久，张老师正在组织新入园的小朋友做音乐游戏，忽然，彤彤急匆匆地跑来告诉张老师，秀秀的手流血了。

张老师跟随彤彤一起找到了秀秀，看到秀秀一只手正握着另一只手的无名指。张老师走近一看，发现秀秀的无名指血流不止，不容多想，便急忙带她去保健室包扎伤口。

在去保健室的路上，张老师问秀秀她的手怎么流血了。秀秀低着头，看着受伤的手指，紧张得小脸通红，说不出话来，经张老师这么一问，眼泪一直往下流，一会儿就哇哇大哭起来。

张老师发现秀秀的上衣口袋里装着一把非常漂亮、刀口锋利的小型水果刀。虽然小刀不大，外形没有什么特别，但刀口相当锋利。

经验丰富的张老师先稳住秀秀的情绪，而后慢慢了解到，原来秀秀的妈妈用小刀削完水果后，将其随手放在了桌子上。

秀秀觉得小刀好看，出于好奇就带到了幼儿园，并把刀刃打开让小伙伴看，丽丽羡慕地说："真漂亮！给我看看。"秀秀小心翼翼地把小刀递过去，丽丽接小刀时，不小心把秀秀的手指划开了一个小口子。好在两人交接刀具的时候，动作不大，秀秀手指上的刀口不深。包扎完毕，张老师把秀秀带进教室，她的情绪渐渐地稳定了下来。

下午放学，秀秀妈妈来接秀秀的时候，张老师避开秀秀，把这件事告诉了她，并很严肃地告诉她有关安全方面的问题及利害关系。秀秀妈妈在感谢老师的同时，深刻地认识到自己在不经意间犯了一个严重的错误，差点酿成事关孩子安全的大祸，并表示以后一定用这个教训提醒自己：安全无小事，危险就在身边，忽视了对孩子的安全教育，危险随时和孩子相伴。今后一定从小事做起，从日常生活做起，注意保护孩子的安全。

三、绣花针，藏风险

幼儿园晨检活动结束后，林老师组织小朋友进入班级活动室，准备盥洗，这是幼儿园一日活动中每天例行的常规程序。就在这时，静静急

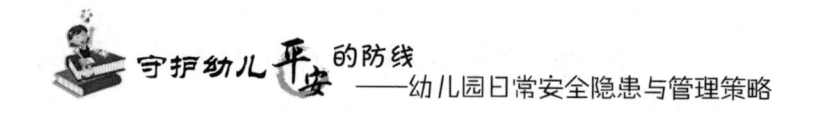

匆匆地跑过来,十分紧张地告诉林老师:"林老师,欢欢拿了一根绣花针。"林老师一听,顿时紧张起来,要知道携带绣花针进园可是幼儿在园生活中十分危险的事情。

林老师急忙跑过去,看到欢欢双手紧紧地抱住书包,拒绝林老师和其他小朋友接近。林老师感觉可能事发突然,自己的行为惊吓到了欢欢。林老师看暂时没有发生危险,欢欢的绣花针也没有危害到其他小朋友,就把情绪缓和下来,和蔼地对欢欢说:"小朋友都说欢欢带了个好宝贝,欢欢是个乖孩子,能不能让老师也看看?林老师和欢欢是好朋友,欢欢也一定想让林老师看看自己的宝贝,对不对?"欢欢看林老师态度和蔼,缓解了紧张情绪,马上点点头说:"我给林老师看。"说着她从书包里拿出了一幅毛巾大小的十字绣,上面绣的是一幅由漂亮花朵组成的图案。林老师看这幅十字绣已经差不多是成品了,图案整体已成形,花朵色泽艳丽,栩栩如生。

林老师的目光有意识地在图案中搜寻,一眼便看到在花朵的旁边别着一根绣花针,针眼上还穿着一根色泽亮丽的红线。林老师笑着问欢欢:"好漂亮的十字绣啊!这花儿就像真的一样,真漂亮。谁绣的?""奶奶。"欢欢说。为了缓和气氛,林老师首先问欢欢她的奶奶知道不知道她把十字绣带到了幼儿园,接着问欢欢为什么把十字绣带到幼儿园来。"好看,我想让老师看看。"欢欢高兴地说。林老师看时机成熟,亲切地对欢欢说:"欢欢喜欢老师,老师也喜欢欢欢。可书包里放这么一根绣花针很不安全,如果不小心,不但容易伤着自己,还会伤到其他小朋友,欢欢说对不对?"欢欢认同了林老师的观点,听话地把十字绣交给了林老师。林老师把十字绣收了起来,放在孩子够不到的架子上暂且保存起来,等家长接孩子时再让其带回。

下午欢欢妈妈来接欢欢的时候,林老师把欢欢在幼儿园发生的事悄悄地告诉了她,并告诉她虽然这看似一件小事,却隐藏着安全的大问题,好在没有发生危险,要欢欢妈妈一定对孩子细致观察,避免类似事情再次发生。欢欢妈妈诚恳地接受了老师的善意提醒，并对林老师表示了真诚的谢意。

应对策略

一、幼儿园应对策略

1. 制定《幼儿园晨检安全管理制度》，严格落实对幼儿所携带物品的安全性检查。

2. 利用多种形式广泛开展健康教育活动，增强教师、幼儿及家长的保护意识。

二、教师应对策略

1. 严格落实晨检制度，认真履行职责，保证每天及时到岗站位。看有无携带不安全的食品、物品等。一旦发现问题，应迅速有效地处理。

2. 检查幼儿所携带的物品，发现有危险物品，代为保管，特别要检查幼儿有无携带不安全的食品，一旦发现问题，应迅速有效地处理。观察幼儿的身体及情绪状态，如有需要，进行相应处理，并对幼儿的情况进行跟踪记录；引导提前入园的幼儿进行晨间锻炼或自主游戏，避免消极等待。

3. 及时了解幼儿的身体状况，并随时跟进、观察、记录，如发现有异常情况，及时通知保健医生。

4. 班级保教人员之间要加强沟通与合作，做好交接班的常规工作，对情绪异常的幼儿重点交代，做好全天的跟踪观察，以保证幼儿安全。

三、家长应对策略

1. 遵守幼儿园的入园晨检制度，来园时必须带幼儿参加晨检。

2. 不要让幼儿携带危险物品入园，并向幼儿讲明携带危险物品的危害。

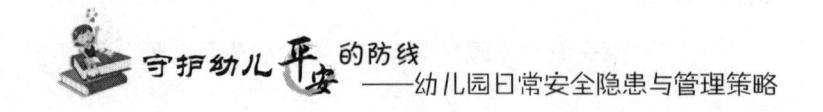

防控幼儿传染病

《中华人民共和国传染病防治法》将传染病分为甲类、乙类、丙类三类。其中，甲类传染病包括鼠疫、霍乱；乙类传染病包括传染性非典型肺炎、艾滋病、病毒性肝炎、脊髓灰质炎、人感染高致病性禽流感、麻疹、流行性出血热、狂犬病、流行性乙型脑炎等；丙类传染病包括流行性感冒、流行性腮腺炎、风疹、急性出血性结膜炎、麻风病、流行性和地方性斑疹伤寒等。

幼儿园是人群比较密集的场所，幼儿年龄小，身体抵抗能力弱，是传染病易感染人群，稍有疏忽，容易引起各种传染病的发生和流行。做好幼儿园传染病的预防和管理工作，控制传染病在幼儿园暴发和流行是保障幼儿健康成长的关键，对维护幼儿的身心健康和生命安全、维护幼儿园的正常教育教学秩序、维护社会的和谐稳定，都有重大意义。

案例

一、急性结膜炎，工作细致早防范

曹老师发现刚入园不久的天天的衣服扣子开了，便让天天到自己面前来给她扣扣子。天天走近的时候，曹老师猛然发现天天的眼睛不对劲，双眼布满红血丝。

曹老师这才回想起今天入园之后天天一直不太活泼，还不停地揉眼睛。因担心天天的眼睛可能患上了急性结膜炎，曹老师一边给天天扣上扣子，一边关切地问她是不是眼睛不舒服。天天说觉得眼睛痒，不舒服，所以不停地揉眼睛。

曹老师立即带她到幼儿园保健室找医生诊断。保健医生给天天做了仔细检查后，诊断为疑似急性结膜炎，由于急性结膜炎的传染性比较强，保健医生让曹老师马上对天天进行隔离，使其远离其他小朋友；同时立即对班级内其他小朋友，特别是与天天有可能接触过的小朋友进行暂时隔离和跟踪观察。曹老师又及时通知天天的家长到医院做进一步的详细检查和治疗，以确认是否为急性结膜炎。因为幼儿园保健室不是专业的眼科医院，不能做更为专业详细的检查，但又不能排除对疑似病例的怀疑，所以立即决定按照幼儿园制定的应急预案将天天及与天天有可能接触到的几位小朋友在幼儿园暂时隔离，由幼儿园专职教师陪小朋友们暂时留园观察，等待家长到来。

曹老师以高度负责的态度及时切断传染源，避免了传染病在幼儿园的大面积流行，保证了在园其他孩子的健康和安全，也为天天赢得了早日就诊、早日康复的宝贵时间。

二、春季疫病难防范，稍有不慎传一片

乐乐妈妈上班快要迟到了，她将乐乐送到教室门口，跟老师打了个招呼就匆匆忙忙地走了。老师接过乐乐，和乐乐问声好，乐乐就独自向活动室走去。和往常一样，老师并没有发现乐乐有什么异常，也没有过多地在意。

午睡时，和乐乐邻床的贝贝看到乐乐翻来覆去不睡觉，小手一会儿在身上挠，一会儿在头上挠，小床不停地晃动，影响了贝贝休息。贝贝小声警告他几次，乐乐还是不停地挠来挠去。贝贝因睡不着觉，索性就起身，忽然她发现乐乐的头皮被挠破了，并且头上出现一片颜色比较深的小点点，在乐乐抓挠的过程中，有一些小点点都破了皮。贝贝心里有点恐慌，便悄悄下床，将乐乐的情况告诉了值班的胡老师。

胡老师马上想起春天是传染病的多发期，乐乐会不会得了什么传染性疾病？事不宜迟，胡老师马上来到乐乐身旁，询问乐乐是否哪里不舒服，看乐乐回答时心不在焉，并且手一直在身上和头上不停地抓挠，胡老师预感到有问题，急忙带乐乐来到保健室。

保健医生仔细查看了乐乐的头部及身体后告诉胡老师，要暂时将乐乐和别的小朋友隔离开来，乐乐身上的小点点很可能是水痘。水痘

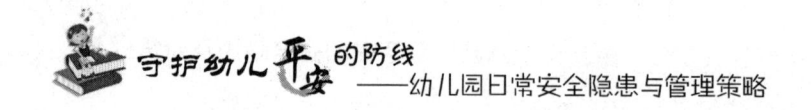

的传染性极强，如不及时切断传染源，别的班级的幼儿甚至也有可能被传染。

胡老师听完保健医生的话，既害怕又自责，由于幼儿园不具备治疗条件，胡老师及时通知乐乐家长，向家长讲明情况，让家长把乐乐接走，带到专业皮肤病医院治疗。出于责任心，胡老师把发生的事情及时报告给园长，园长要求在全园排查，看有没有其他传染性皮肤病或疑似病例。由于幼儿园反应迅速，措施到位，及时切断了传染源，避免了传染性疾病在园内的流行。

三、流感不分季，传染迅速莫大意

维维妈妈把维维送到幼儿园的时候，晨检的老师发现维维的脸有点儿红，维维妈妈说可能是因为围巾捂得太严实了。由于晨检没发现其他异常情况，老师就让维维进班了。

一向活泼的维维到教室之后就坐在自己的座位上，不像平时那样好动，值班的魏老师感觉有点儿不对劲，但考虑到晨检没什么问题，也就没有太在意。当时魏老师想有可能维维在家受批评了，所以情绪有些低落。

到了室内活动环节，魏老师有意调动维维的积极性，懂事的维维很配合魏老师，做了一会儿游戏之后就满头大汗，魏老师担心维维感冒，就准备帮维维脱去身上的毛衣。就在魏老师走近维维的一瞬间，经验告诉她维维晨检时脸色发红并没有那么简单，应该不是围巾捂的。

魏老师用自己的额头碰碰维维的额头，感觉维维的额头有点热，但不太明显。魏老师还是不放心，没给维维脱衣服，而是先给维维倒了一杯温开水让维维喝，等维维身上不再出汗后，领着维维来到保健室。保健医生给维维量过体温后告诉魏老师，维维发低烧并伴有流涕，属于流感症状，但不严重，建议与家长联系，让家长及时把孩子送到医院找医生确诊。

魏老师很快跟维维妈妈取得了联系，及时把维维送到儿科医院检查，最后确认为流感。魏老师负责敬业，及时地对孩子的身体状况做出了准确判断，使孩子及时得到治疗，更避免了幼儿园流行性疾病的发生。

应对策略

一、幼儿园应对策略

1. 做好传染性疾病的早期预防。制定《幼儿园传染病的预防实施方案》，从管理、方法、措施等方面落实，防止幼儿园传染病的发生，做到早发现、早干预，从源头上杜绝安全隐患。

2. 落实好各项卫生消毒工作。制定《幼儿园消毒制度》《幼儿园卫生打扫管理制度》，落实幼儿园活动室、寝室的卫生清洁工作，做到有制度、有措施、有检查、有评比。每天值班人员检查并记录幼儿使用的毛巾、水杯、碗筷的消毒情况，落实每周的卫生大检查制度，做好各班的卫生清洁工作。

3. 利用校信通、告家长书、健康教育课等多种渠道，向幼儿及家长宣传常见传染病的危害及防治知识，增强幼儿的卫生防病意识，提高幼儿的自我保护能力。另外，设置固定的健康知识教育宣传栏，每月一期，针对幼儿及家长开展以传染病防控为主题的宣传教育，增强他们的防护意识。

4. 坚持每天对幼儿进行晨间检查和全日观察。每天由保健医生把好预防第一关，对所有到园幼儿进行认真负责的检查，观察其皮肤、手足是否出疹子，口腔是否有溃疡，两腮是否肿痛等，做好晨检记录，一旦发现问题，立即向值班园长报告，及时采取应对措施。

5. 严格按照消毒要求，由专门人员定期对大型玩具、体育器械、基础设施和设备等进行消毒，特别是要按时对楼梯扶手、桌椅、玩具等幼儿经常接触的东西消毒，保持环境卫生、整洁。

6. 开展预防接种工作。疫苗接种是控制传染病暴发最有效的手段之一，幼儿园要按照《中华人民共和国传染病防治法》《疫苗流通和预

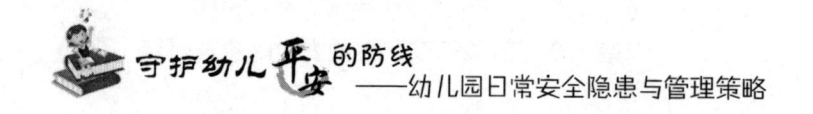

防接种管理条例》《托儿所幼儿园卫生保健管理办法》的规定，协助防疫部门做好幼儿的预防接种工作。

7. 幼儿入园前必须在指定的医疗卫生机构进行全面的健康检查，检查合格者方可入园。离园三个月以上的幼儿，需重新体检，结果合格方可回园。幼儿园教职工上岗前必须取得健康证，且每年应当进行一次健康检查。在岗人员患有传染性疾病的，应当立即离岗治疗，治愈后方可上岗工作。

8. 在传染病高发季节，幼儿园要强化晨检制度，发现患有传染病或疑似患传染病的幼儿，要早报告、早治疗，组织幼儿及时就医，并采取隔离和消毒措施，防止疫情扩散。

二、教师应对策略

1. 到园后，教师首先开窗通风，保持空气新鲜。

2. 对入园的幼儿进行询问、检查，若发现异常，立即要求家长带幼儿到医院就诊。排除了患传染性疾病可能的幼儿，需持医院的相关证明方可入园。

3. 实行每日晨检和缺课追踪与登记制度。教师每天要对每位缺课的幼儿进行追踪，打电话询问幼儿缺课的原因并做好登记，将诊断情况记录交由保健医生进行追踪。

4. 若在园内出现患传染病及疑似传染病的幼儿，应及时对其进行隔离并通知家长带幼儿到正规医院诊治，由保健医生跟踪调查诊治结果，并及时上报园领导。

5. 熟知传染病应急预案内容，在园期间如发现幼儿有发热、咳嗽、乏力、精神萎靡等症状时，要立即启动应急预案，采取措施，对患病的幼儿进行隔离并及时送其就医。

三、家长应对策略

1. 培养幼儿良好的个人卫生习惯，让幼儿做到勤洗手、勤理发、勤换衣被，不随地吐痰、扔垃圾等。

2. 加强户外锻炼，保证幼儿有足够的休息时间，增强幼儿的体质。

第一章　入园环节存在的安全隐患及对策

附一：

幼儿入园环节时间紧，家长、幼儿人数多且集中，园领导、教师和保健医生工作繁忙，容易发生安全隐患，在入园环节可通过多媒体播放入园儿歌。

入园儿歌

（一）

早入园，不迟到，见老师，要问好。
小朋友，招招手，要致意，来得早。
妈妈赞我进步大，老师夸我懂礼貌。

（二）

太阳出来眯眯笑，小朋友们上学校。
见了老师问声好，见了同伴把手招。
讲文明，懂礼貌，我们都是好宝宝。

（三）

幼儿园要来得早，见了老师问声好。
健康晨检很重要，前后顺序站好队。
不喧哗来不吵闹，检查快速效率高。
晨检有序结束了，妈妈愉快上班了。

附二：

幼儿园入园环节安全管理制度

幼儿园入园安全管理是幼儿园正常、稳定、有效开展工作的重要保证，是教师正常、稳定、有效开展教学教研活动的重要保证，是幼儿正常学习、生活与快乐、健康成长的保证，为此，特制定《幼儿园入园环节安全管理制度》。

一、入园前先报名，经园长批准后，到市妇幼保健院做幼儿健康检查，检查合格后带体检表、户口簿到幼儿园正式办理入园手续。

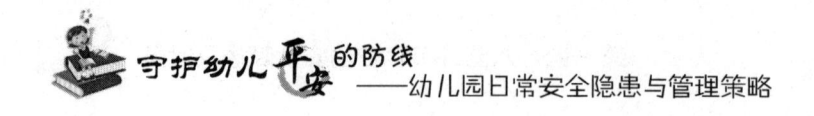

二、幼儿入园后，家长要遵守幼儿园的各项规章制度，持接送卡按时接送幼儿。

三、幼儿患病时，家长要及时、如实地告知幼儿园。幼儿园、家长和教师应采取相应措施。

四、家长接送幼儿途中，要看管好幼儿，不让幼儿在街上乱跑或和其他幼儿打闹，不让幼儿离开家长的视线范围，以防幼儿走失或突发安全事故。

五、如幼儿走失或突发意外安全事故，要及时打电话报警，请公安部门协助处理解决。

六、教师和家长要把《幼儿园入园环节安全管理制度》落实到位并严格执行。

幼儿园晨检安全管理制度

为了保证全园幼儿的身体健康和正常学习、生活，特制定《幼儿园晨检安全管理制度》。

一、晨检要求

每天幼儿入园，须在园门口接受保健医生和值班教师的晨检。

二、晨检内容

（1）体温是否正常；

（2）精神状态有无异常；

（3）饮食、睡眠是否正常；

（4）携带的物品是否安全。

三、检查程序

一看：观察幼儿的精神状态、面色等，看幼儿是否有传染病的早期症状表现。

二摸：触摸幼儿额头，看有无发热现象，发现可疑者，立即对其测量体温。

三问：询问幼儿的饮食、睡眠、大小便情况是否正常。

四查：检查幼儿是否携带不安全的物品。

四、安全问题处理

（1）晨检后，保健医生需对健康检查中发现的异常情况做好记录，并与值班教师一起关注当日幼儿的情况。如有异常情况，保健医生应及时对幼儿进行诊治，若病情严重，应及时将幼儿送至医院接受治疗。

（2）如发现幼儿携带有不安全的物品，应耐心教育，并告诉幼儿收缴原因，将不安全物品妥善保存并转告家长。

五、家长要配合幼儿园做好晨检工作

（1）送幼儿入园时必须带幼儿接受晨检，协助保健医生和值班教师对幼儿进行晨检。

（2）如幼儿疑患有疾病，家长应主动与保健医生和班主任联系，并如实说明病情。幼儿园将视病情对幼儿进行全日观察、追踪、隔离或告知家长带幼儿去医院就诊。

（3）教育幼儿不要携带危险物品。

六、教师和家长要把《幼儿园晨检安全管理制度》落实到位并严格执行。

幼儿园接送环节安全管理制度

保证幼儿的安全是幼儿园、教师和家长共同的义务和责任。为了使孩子能健康、安全、快乐地成长，特制定《幼儿园接送环节安全管理制度》。

一、每天早晨，家长须持接送卡将幼儿送入园，且必须把幼儿交到教师手中后，方可离园。

二、教师要提前或按时上岗，热情地接待幼儿入园。

三、接送时家长若忘带接送卡，必须事先声明，交验有效证件（如身份证、工作证），方可接送幼儿。若接送卡丢失，应及时到保教处备案处理。

四、原则上必须由家长亲自接送幼儿。若委托他人接送，为了确

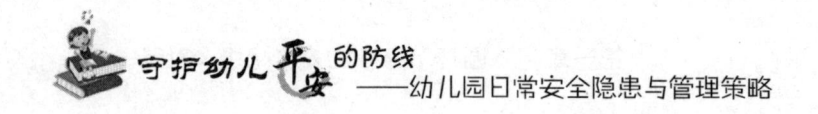

保安全，须提前通知教师，将被委托人（必须年满18周岁）的姓名、性别、年龄、身高、特征、衣着及其与幼儿的关系告诉教师，被委托人须持接送卡接送幼儿。

五、为确保幼儿安全，家长要有序地在校门口接送，不拥挤。家长接到幼儿后须直接带领幼儿离园，不可带幼儿在园内户外活动场地玩耍，以防发生意外。

六、教师在接送幼儿入园、离园时，要认真听取家长交代的事情。幼儿离园时，应及时同家长沟通交流。

七、家长应教育幼儿爱护幼儿园内的花草树木，不随地大小便，并在规定时间内带幼儿离园。

八、家长接幼儿离园后，在途中要看护好幼儿，不要让幼儿离开家长视线范围乱跑或与其他幼儿打闹，以防幼儿走失或发生安全事故。

九、教师和家长要把《幼儿园接送环节安全管理制度》落实到位并严格执行。

幼儿园门卫管理制度

幼儿园门卫管理制度是对一切进出幼儿园的人员、物资进行有效监控和严格管理的制度。幼儿园门卫是幼儿园一个重要的工作岗位，必须由综合素质好、身体强健、责任心强，并经过正规培训的保安来担任。幼儿园门卫管理包括进出人员、外来人员、会客、车辆进出、物品进出等诸多环节，特别是幼儿入园、离园环节，人员多，场面乱，难管控，是易发、多发、突发安全隐患的环节，为此，特制定《幼儿园门卫管理制度》。

一、非本幼儿园教职工进入幼儿园，应向幼儿园门卫出示表明身份的相关证件，经门卫验证核对后再进行登记。

二、幼儿园门卫应认真查验进入幼儿园外来人员的相关证件，严禁不明身份人员进入幼儿园。

三、对拒不出示证件或不能证明其身份的外来人员，幼儿园门卫有权拒绝其进入，但要耐心地做好解释工作。

四、外来人员进入幼儿园，必须凭有效证件在幼儿园门卫室进行登记，经允许后方可入园。

五、对拒不进行登记或登记的内容与事实不符的外来人员，幼儿园门卫有权拒绝其进入，但要耐心地做好解释工作。

六、幼儿上课或教师上班时，门卫要看管好大门，不能脱岗、离岗，严防幼儿私自走出幼儿园，造成幼儿走失、被拐骗等安全事故发生。

七、在教学活动时间，幼儿确因特殊情况需出校门时，家长必须持接送卡和班主任签字同意的请假条，办理正规手续，经幼儿园门卫查验核实后方可放行，须将请假条交保教处存档备案。

八、在幼儿离园环节，家长因有事未按时或未来接幼儿时，班主任要及时与家长联系沟通，问明原因，采取相应措施。门卫要特别关注这个环节，严防幼儿趁人多混乱之机，私自走出校门，发生安全事故。

九、家长要密切配合幼儿园，遵守《幼儿园门卫管理制度》的常规要求，并要求幼儿严格遵守。

十、家长要按时接送幼儿，以免幼儿发生安全事故。

十一、幼儿园教职工和家长要把《幼儿园门卫管理制度》落实到位并严格执行。

幼儿园传染病防控制度

幼儿园是幼儿最集中、最活跃的场所。幼儿因年龄小、身体抵抗能力较弱，是传染病易感染的人群，稍有疏忽，管控不严，在传染病易发、多发的季节，就容易引起各种传染病的发生和流行，给幼儿的正常学习和健康成长带来严重威胁和危害。为此，特制定《幼儿园传染病防控制度》。

一、制定《幼儿园传染病防控制度》，召开幼儿园教职工大会，进行宣讲教育，让全园教职工明确制度内容，教育和引导幼儿严格遵守相关规定。

二、幼儿园坚持落实每天晨间检查和全日观察制度，每天由保健医生把好预防第一关，对所有到园幼儿进行认真负责的检查，并做好晨检登记。一旦发现问题，立即向值班园长报告，及时采取有效应对措施。

三、幼儿园要充分利用校信通、告家长书、健康教育课等多种渠道，向幼儿及家长宣传常见传染病的危害及防治常识。

四、幼儿园设置健康知识教育宣传栏，每月一期，针对幼儿及家长、教师开展以传染病防控为主题的宣传教育，提高他们防范传染病的能力。

五、做好清洁卫生工作，实行门前包干。

六、保持室内空气流通，室内用具、物品干净整洁。

七、盥洗室槽池、台阶、地面要先冲洗干净，无尿碱，无污物。再用消毒液喷洒消毒，并用拖把拖干，从根源上消灭蚊蝇、病菌滋生，保持盥洗室清洁卫生。

八、厨房保持环境干净，食品符合卫生要求，消灭蚊蝇、老鼠。

九、教育幼儿养成饭前饭后、活动前后、便前便后洗手的良好卫生习惯，避免病从口入。

十、一日三餐用的碗、勺子、筷子须洗净消毒，饭前先用消毒水将餐桌擦净，再用专用抹布擦净。

十一、幼儿喝水的杯子每天洗净，消毒一次。

十二、生活用品专人专用，洗干净并消毒。

十三、教师要坚守岗位，尽职尽责，从各个细节、各个环节把好清洁卫生关，切断一切传染病的传播途径。

十四、教职工要把《幼儿园传染病防控制度》落实到位并严格执行。

第二章

盥洗环节存在的安全隐患及对策

第二章 盥洗环节存在的安全隐患及对策

幼儿园盥洗活动是幼儿一日生活中频繁出现的环节，幼儿饭前饭后、活动前后、便前便后都要进入盥洗室，把小手洗干净，避免病菌滋生。三餐后的漱口、午睡后的洗脸等也在盥洗室进行，教师要抓好对幼儿这个环节的常规训练，促进养成教育，确保幼儿安全。在幼儿的一日生活中，这个环节往往是最容易被教师忽视的，有的教师往往让幼儿自由进入盥洗室，殊不知这容易酿成大错。在这一环节中，教师必须细心，高度关注幼儿的安全。本章将结合具体案例，加以阐述。

案例

一、小朋友互不谦让，行为过激导致磕伤

幼儿园室内活动刚结束，小朋友一窝蜂地拥入盥洗室。明明和果果奔跑着几乎同时进入盥洗室，明明说"我先小便"，果果说"我先"，两人互不相让，争吵之下，两人动起手来。力气大的明明本想把果果推到一边，但由于用力过猛，果果摔倒在地上，头磕在台阶上，因疼痛而大哭起来。

值班的田老师听到哭声后，立即跑进盥洗室，看到果果在地上躺着，便急忙把他扶起来仔细察看，发现果果头部有血迹。田老师把果果抱到保健室，保健医生仔细检查之后说，果果的额头上方有一条口子，伤口较大，并且被头发覆盖着，幼儿园保健室不具备治疗条件，需要到医院对伤口做进一步的处理。

田老师和保健医生带着果果匆忙来到专业医院，医生检查后对果果的伤口进行了缝合和消炎处理，并进一步做了专业检查，确认果果除头部受伤之外，没有发现其他方面的异常。田老师和保健医生在医院从上午十点一直忙到下午两点，陪孩子做检查，处理伤口，提心吊胆，心急如焚。

果果妈妈接到通知后赶到医院，看到两位老师忙上忙下，尽心尽力，十分感动，也就没有追究幼儿园方面的责任。果果在家休养了一周后，伤情稳定，具备入园条件，便高高兴兴地来到幼儿园，田老师

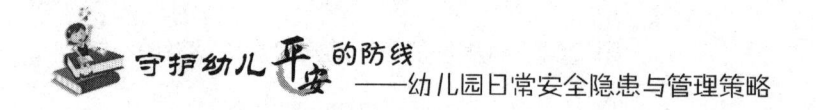

夸他是一个勇敢的好孩子。

有不少幼儿非常喜欢在盥洗室玩，因为盥洗室有水，幼儿觉得可以在洗手的同时玩玩水。这就需要教师进行恰当、有效的管理，教给幼儿正确的洗手方法，让幼儿养成谦让有序、轮流排队、耐心等待的良好习惯，避免因为拥挤无序、互不谦让、奔跑碰撞引起的碰伤、磕伤等安全事故，减少对幼儿的伤害。

二、忘情打水仗，滑倒造成手臂骨折

游戏活动刚结束，孩子们就进入盥洗室，亮亮第一个跑进去，拧开水龙头，由于用力过猛，水一下子喷了出来，水花溅了他一身，同时也溅到站在旁边的豆豆的衣服上。豆豆认为亮亮是故意的，也不甘示弱，立刻用手拍水池里的水，溅到亮亮的身上。顿时，两个人的脸上、衣服上全是水，盥洗室的地面上也都是水，其他几个孩子的身上也不同程度地溅上了水，有的甚至衣服都湿透了。成成想跑去活动室喊老师，但由于地面湿滑，他一下子摔倒，手臂碰到墙壁，爬不起来了。老师听见响动，立即跑过来，发现倒在地上的成成，急忙将他抱起送去了保健室。保健医生仔细检查了伤情之后，担心成成骨折，建议到医院拍片诊断。医院拍片结果显示，成成左臂骨折，需要留院治疗。

幼儿园的一日生活中环节多而烦琐，因此，教师要增强工作的责任感，对各个环节都要考虑得细致、周到，把防范措施落实到位，从而避免意外事故的发生。

三、良好常规养成，从注重细节开始

晨间活动后，到了早餐时间，按规定要求，餐前小朋友要洗手，老师让大家按列队顺序依次进入盥洗室洗手。这时，调皮的毛毛不按顺序跑进来，并推搡前面的笑笑，笑笑没有任何防备，因站立不稳而摔倒，头磕到了水池上，划出一道口子，血顿时流了出来。值班教师迅速带她到保健室，保健医生及时对伤口进行了医疗处理，好在伤口不深，笑笑没有大碍。

幼儿园孩子年龄小，活动的随意性强，管理难度非常大，有些安全事故发生之前往往没有预兆。因此，教师应引导幼儿平时养成良好的习惯，才能避免安全事故的发生。

应对策略

一、幼儿园应对策略

1. 制定《幼儿园盥洗环节安全管理制度》，让教师熟悉常规养成的流程。

2. 幼儿园的设施、设备要符合标准。盥洗室的水池、便池、扶手等，要符合幼儿的年龄特点，大、中、小班的水池高度不同，符合幼儿的身高特点，坚持安全第一；盥洗室的地面要防滑，水管、水池等设施要安装结实、稳定牢固，边角为圆形，色彩为柔和色，给幼儿营造安全、舒适、安静的环境，保证幼儿的安全。

3. 加强教师的师德教育。要求教师具有高尚的师德，工作一丝不苟，能够对幼儿进行耐心、细致的教导。

4. 增强教师的责任心。幼儿园里幼儿发生的安全事故，很多与教师的责任心不强有关系。因此，幼儿园要采取多种形式、多种方法加强对教师的责任心教育，如开展师德演讲比赛、教育心得交流、安全主题教育活动观摩等，让教师明确自身的职责，忠于职守，关注细节，杜绝各种安全隐患。

5. 落实班级常规的检查工作。在幼儿园，幼儿的习惯养成教育很重要，幼儿园要制定措施，落实班级常规，让幼儿养成良好的生活习惯及卫生习惯，提高幼儿的自制力，增强幼儿的自我保护意识。

6. 加强对教师盥洗室安全事故的应急处理培训，让教师熟知盥洗室的常规要求，掌握简单的应急处理技能。

7. 召开家长会，或利用校信通、家园联系栏等，告知家长幼儿盥洗时的常规要求，让家长配合，做到家园保持一致，让幼儿养成良好的盥洗习惯。

二、教师应对策略

1. 加强班级常规的养成教育，保证幼儿的安全。教师要制定科学、细致的一日活动常规，明确一日活动中的具体要求，并让幼儿熟知。如在盥洗环节，让幼儿遵守规则，不拥挤、不打闹、不乱跑、不推拉等，文明有礼，有序排队，听教师的指挥，帮助、引导幼儿形成良好的自我管理能力和文明素养。

2. 开展安全主题教育活动。针对幼儿的年龄特点、学习特点、身心发展规律等，开展预防安全事故的教育活动。针对盥洗室容易发生的安全事故，教师要收集、整理相关素材，制作浅显易懂的课件，组织教育活动，向幼儿展示，与幼儿交流，让幼儿明白盥洗室存在很多安全隐患，让幼儿规范自己的行为，养成文明盥洗的良好习惯。

3. 发挥环境育人的功能。在盥洗室张贴有序排队洗手的图示，让幼儿知道怎样做是正确的，逐步养成良好的行为习惯。

4. 给幼儿讲明洗手的意义。把洗干净小手与健康成长的密切关系告诉幼儿，让幼儿明白饭前饭后、活动前后、便前便后都要及时洗手，养成良好的卫生习惯。

5. 教给幼儿正确的洗手方法。向幼儿讲解六步洗手法：第一步，两手五指并拢，前后搓擦；第二步，两手五指打开，交叉搓擦；第三步，两手五指打开，先右手在上左手在下交叉搓擦，再左手在上右手在下交叉搓擦；第四步，左手搓右手的大拇指，右手搓左手的大拇指；第五步，左手五指捏拢指尖在右手掌心转圈搓擦，右手五指捏拢指尖在左手掌心转圈搓擦；第六步，双手互相搓手腕。

6. 教会幼儿正确使用水龙头的方法。水流不能开得过大，以免溅湿衣服；要开得适中，保持水流正常，不要让水洒到地面，以免造成地面湿滑，发生摔倒、碰撞等安全事故。洗手后，用毛巾把手擦干。洗完手后及时关紧水龙头，节约用水，以免浪费。

7. 幼儿在盥洗室时，教师必须在旁边，不能离开。

8. 合理组织，保证实施。由于盥洗室的空间小，教师可以分组组织幼儿洗手。教师应关注幼儿的洗手过程，及时纠正幼儿不当的行为。对于遵守规则、洗手正确的幼儿，要及时给予表扬，促使幼儿养成良好的卫生习惯。

9. 细心关注幼儿的常规培养，及时告知家长幼儿在园的表现。针对幼儿习惯养成的薄弱环节，与家长共同商定措施，及时纠正，促使幼儿养成良好的习惯。

三、家长应对策略

1. 注意培养幼儿平时良好的卫生习惯，使幼儿在家习惯与在园行为习惯一致。

2. 告知幼儿盥洗室存在的危险，发现幼儿的错误行为时及时进行纠正。

附一：

盥洗室安全儿歌

进入盥洗室，勤洗手和脸。
按序不紊乱，互让保平安。
水管别忘关，养成好习惯。

附二：

幼儿园盥洗环节安全管理制度

幼儿园盥洗室的盥洗活动，是幼儿日常生活中频繁出现的环节。幼儿饭前饭后、活动前后、便前便后都要进出盥洗室洗脸洗手，特别是活动前后洗手、午睡起床后洗脸的活动时间短，幼儿多且集中，又因幼儿年龄小，自我管控能力较差，容易发生安全事故，为此特制定《幼儿园盥洗环节安全管理制度》。

一、幼儿园盥洗室设施要符合安全标准。大、中、小班幼儿年龄不同，身高有差异，大、中、小班的水池、便池、台阶高度应与之相

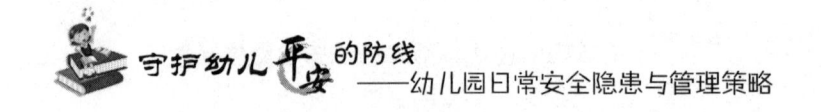

适应，坚持安全第一的原则，确保幼儿在盥洗室的安全。

二、盥洗室地面要用防滑地砖铺砌，盥洗室设施要安装结实、稳定牢固、色彩柔和，盥洗环境要保持舒适、安静、安全。

三、在幼儿园，盥洗活动是幼儿较集中、频繁进出的关键环节，易出现安全隐患，必须有教师值班看护，不能脱岗、离岗，以防止安全事故的发生。

四、值班教师要科学组织幼儿进行盥洗，让幼儿讲文明，男女生有序分组进出，不拥挤，不碰撞，防止安全事故发生，确保幼儿安全。

五、在盥洗室张贴六步洗手法、有序排队正确洗手的图示，教育幼儿逐步养成良好的卫生习惯。

六、教会幼儿正确使用水龙头的方法，不能用力过大。水流开得过大，会溅湿衣服；要开得适中，保持水流正常，不让水洒到地面，以免造成地面湿滑，发生摔倒、滑倒、碰伤、摔伤等安全事故。

七、洗手后，要及时关紧水龙头，养成节约用水的良好习惯。

八、幼儿园要加强对教师盥洗室安全事故的应急处理培训，让教师熟知盥洗室的常规要求，并能掌握简单的应急处理技能。

九、教师要把《幼儿园盥洗环节安全管理制度》落实到位并严格执行。

第三章

进餐环节存在的安全隐患及对策

第三章　进餐环节存在的安全隐患及对策

著名教育学家陶行知指出："生活即教育。"三餐是幼儿一日生活中的重要组成部分。教师根据幼儿的年龄特点、个体差异等，科学地组织幼儿进餐，培养幼儿良好的进餐习惯、生活习惯和基本能力，促进幼儿的身心健康发展是非常重要的。幼儿在园进餐时，由于人数较多且集中，加上幼儿活泼好动，动作协调性较差，如果教师对幼儿进餐管理不善，安全事故就有可能发生。这些事故主要表现为幼儿因食物堵住食管而导致窒息，幼儿被热菜、热汤烫伤，幼儿因嬉戏、打闹而摔伤或被餐具弄伤，等等。它们会影响幼儿的正常生活与学习，严重的甚至会危及幼儿的生命。所以，对进餐环节存在的安全隐患及对策进行专门重点论述具有重要意义。

案例

一、进餐应遵守纪律，随意走动隐患多

开学才刚入小班的云云，还没有养成良好的幼儿园生活习惯。在活动室进餐环节，其他小朋友都按照老师的要求静静坐着等待用餐，云云却没有像其他小朋友那样坐在自己用餐的座位上，而是在活动室里随意走动。

老师正在忙着给小朋友盛饭端菜，没有留意到在活动室随意走动的云云，结果云云和老师撞在一起，面部和颈部被老师端着的热汤烫伤。虽然事后老师迅速进行了有效处理，并及时把云云送到专业的烧伤医院救治，但因云云年龄小，皮肤嫩，经过治疗，云云面部和颈部的烫伤部位还是遗留下了少部分的瘢痕，更重要的是在治疗过程中云云遭受了极大的痛苦，给心灵留下了难以愈合的创伤。

二、用餐方式要健康，坏习惯引发大问题

到了午餐时间，幼儿园小班的强强突然脸色惨白，好似呼吸困难，情况不对劲。老师见状，赶忙跑过来查看原因并及时按照日常用餐异常问题处理预案培训常识对强强进行急救。老师在紧急处理无果之后，便急忙把强强抱到幼儿园的保健室。保健医生赶忙进行急救，同时打

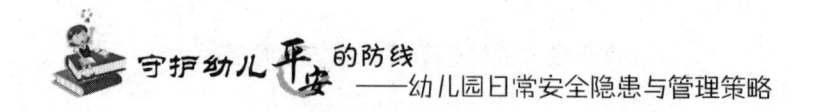

电话通知孩子的家长和 120 急救中心，遗憾的是，强强最终没能被抢救过来。

专科医生经过细致的检查，从强强的喉咙里取出了导致孩子失去生命的真凶——一小块白面馒头。事后调查这起安全事故的起因时了解到，当天中午 11 点 20 分左右，到了正常的午餐时间，小朋友陆续开始享用幼儿园提供的午饭。11 点 35 分左右，小班还有几个孩子没吃完，当值班教师习惯性地走到几个孩子跟前，看他们还有没有用餐需求时，猛然发现强强的腮帮子鼓鼓的，嘴里塞满了食物。还没等到老师反应过来，强强已脸色发白，吞咽困难，嘴里的东西吐不出来，终因食管堵塞严重未能抢救过来。医生说，像这类看似平常的事故，实则因抢救时间短，难度大，危险性非常高。

三、食物过敏要忌嘴，违反禁忌出大事

因小明对牛奶过敏，妈妈在刚开学时便已经告知班里的老师，不要让小明食用牛奶。班里的三位老师非常注意，小明也很听话，在食用牛奶及与牛奶相关食物的时候，老师都会让厨房为小明准备其他食品。

某天，恰逢班上有位小朋友过生日，为培养小朋友的集体观念，家长特意要求老师让自己的孩子与班上其他小朋友一起分享生日蛋糕。了解了家长的良苦用心后，老师就满足了该家长的要求。其间，两位老师忙着张罗小朋友的生日活动，在给其他小朋友分发蛋糕之际，没留意到小明，小明便趁机贪吃了几口奶油蛋糕。不一会儿，小明身上有几处地方出现大片红斑，眼睛通红，并且不停地咳嗽。老师发现异常后，马上把小明送到医院。经医生及时治疗，避免了更严重的后果。主治医生告诉老师，这种过敏，短时间内要立即就医，否则会引起幼儿窒息，如不及时救治，后果会非常严重。

四、吃鱼要小心，鱼刺卡喉须求医

一天，幼儿园准备的午餐有炸鱼块、米粥、馒头等。小班的聪聪爱吃鱼，老师刚把鱼块分发到碗里，聪聪就迫不及待地拿起一块送到

嘴里。由于没有完全剔除出鱼刺，结果鱼刺就卡到了聪聪的喉咙里。

虽然幼儿园在购买鱼的时候总是精挑细选，专门挑选一些鱼刺少、适合幼儿吃的鱼，厨房在做鱼的时候，也会想方设法尽量把鱼刺剔除掉，并且每次用餐时教师也会多次提醒幼儿吃鱼时要小心，注意剔除鱼刺，但这仍然不能完全避免安全事故的发生。

聪聪发觉自己的喉咙卡到鱼刺后，便使劲地咳嗽，试图把鱼刺吐出来。他的异常举动引起了老师的注意，问明情况之后，老师立即把他抱到幼儿园保健室，做进一步的伤情判断和处理。

保健室毕竟不是专业医院，只能做一些简单的、常见的伤病处理。保健医生处理无果后，老师及时把聪聪送到医院，在专科医生的帮助下终于把鱼刺取了出来。

此次事件不但给聪聪一个教训，也给幼儿园一个安全警示。幸好老师发现得及时，并迅速采取正确措施，才避免了更糟糕的后果。如果老师发现不及时或处理的方法不当，则可能造成幼儿窒息的严重后果。

五、餐具当玩具，勺子划破嘴

晚饭时间，刚做完游戏的小朋友洗完手后，齐齐地坐在饭桌前，等待用餐。等待间隙，有的小朋友还在嬉闹着。老师按座位顺序把勺子分发给大家，并警告大家把勺子放在碗盘里，不能含在嘴里，同时要注意保持勺子的清洁卫生，不能随意放在餐桌上。

老师忙着给小朋友盛饭，一部分比较活泼的小朋友开始不安分起来。他们有的把勺子拿在手里玩耍；有的把勺子放到了嘴里，摇头晃脑，做着奇怪的表情和夸张的动作。老师不时要求小朋友保持安静，等食物分发完毕再一齐用餐。突然，莉莉哭了起来，原来她没有听从老师的警告，把勺子含在了嘴里。坐在旁边的东东看到老师在自己面前的餐桌上分发食品，便急不可待地站起身拿桌子上的食品盘，因动作太大，不小心碰到了把勺子含在嘴里的莉莉，勺子把她的嘴划破了。老师立即将莉莉送往保健室，保健医生及时帮莉莉处理了伤口，幸好

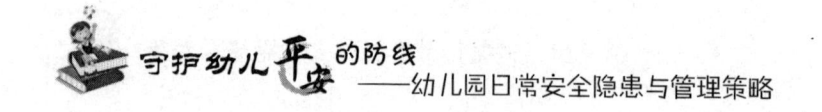

并无大碍。

从这件事情来看，很多时候不是老师责任心不强，而是几十个小朋友集中在一起活动的时候，如果没养成好的行为习惯，突发性的安全事故就会防不胜防。要杜绝此类事件的发生，关键在于平时要让小朋友养成良好的习惯。

六、进餐秩序乱，筷子会伤人

午餐时间到了，大班的孩子洗完手坐在活动室等待用餐，老师按顺序把筷子分发给大家。大班孩子大多已经养成良好的进餐习惯，老师也比较放心他们自己吃饭。

按照日常用餐要求，老师让孩子按座位顺序排队到前面端菜盘领取食物。平时爱干净的多多领取食物时，因害怕别人用自己的筷子，就把筷子拿在手里去端饭。这时排在后面的调皮爱动的可可因急于领取食物，向前移动过快，不小心碰到了多多，多多站立不稳摔倒在地上。多多端菜盘时，由于筷子没地方放，他就直接把筷子放在嘴里。可可这么一碰，多多摔倒时嘴里的筷子扎破了他的口腔，血顺着嘴角流了出来。老师急忙把多多送往医院，经医生检查，确认为口腔内划伤，有惊无险，好在没有刺到喉咙，不然后果无法想象。

此类事故多缘于幼儿园对幼儿的习惯培养不到位，对进餐环节缺乏更为细致有效的管理，相关制度不健全。一旦发生事故，将给幼儿园工作的正常开展带来不利的影响。

应对策略

一、幼儿园应对策略

1. 认真贯彻执行《中华人民共和国食品安全法》，制定《幼儿园进餐环节安全管理制度》《幼儿园进餐环节操作流程》，让教师熟知，并且张贴在明显位置，以作提示。

2. 加强教师关于有效组织幼儿进餐的培训，邀请专家开展讲座，让教师明白科学、有序组织幼儿进餐，以及养成幼儿有序进餐、安静进餐、安全进餐、卫生进餐等良好习惯的重要性。

3. 开展关于有效组织幼儿进餐的交流会，促进教师通过交流、分享、探讨等，提高对幼儿进餐环节的组织能力，增强教师对幼儿进餐环节的责任感。

二、教师应对策略

1. 知道进餐环节存在很多安全隐患，要耐心细致地培养幼儿良好的进餐习惯和安全意识。

2. 要认识到科学组织幼儿进餐的重要性，能采取灵活多样的方法组织幼儿有序进餐，促进幼儿健康成长。

3. 明确进餐环节的常规要求：卫生进餐、健康进餐、安全进餐、礼貌进餐。教育幼儿养成饭前洗手、饭后漱口的好习惯；不挑食，吃食物时细嚼慢咽；安静地进餐，不说笑，不打闹；正确使用筷子、勺子等餐具；用餐后会收拾自己的碗筷，送给老师进行洗涮。

4. 餐前组织：

（1）稳定幼儿的情绪，让幼儿安静下来。可以播放轻音乐或旋律舒缓的音乐。

（2）开展餐前食物播报活动，增进幼儿食欲。根据食谱的内容准备食物的图片及有关食物营养价值的资料等，让能力强的幼儿担任主持人，为大家播报，引起幼儿进餐的兴趣，让幼儿了解每种食物对自己身体生长的好处，营造幼儿想吃、乐吃、爱吃的心理氛围。同时，为幼儿进餐创造温馨、宽松的环境。

5. 做好餐桌、餐具的清洗工作，做到干净、卫生。

6. 餐中组织：

（1）教师应管理幼儿的进餐时间，使幼儿掌握正确的进餐方法。幼儿每次进餐所用时间在25～35分钟为宜。小班幼儿用勺子进餐，中班、大班幼儿用筷子进餐。教师要教给小班幼儿进餐各环节的方法和要求、勺子的正确使用方法，要求幼儿不能把勺子拿在手里玩，不能

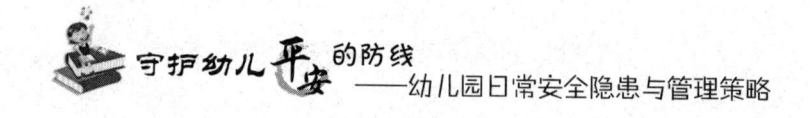

和桌子、碗、餐盘等发生碰撞，发出声音；在椅子上坐端正，一手扶碗，一手拿勺，吃饭时不要掉饭粒；等等。教师要教给中班、大班幼儿正确使用筷子进餐的方法。

（2）创设愉快、安全的进餐环境，保证幼儿的进餐质量。教师要认识到幼儿愉快进餐的重要性，做到耐心、细致，发现幼儿在进餐环节中表现良好时，要及时表扬，使幼儿心情愉快。

（3）饭菜进班后，教师要将其放到合适的位置，保育教师简单讲解食物的名称和营养，增进幼儿的食欲。

（4）小班教师要把饭菜端到幼儿的餐桌旁，为幼儿提供饭菜；中、大班的幼儿已初步养成了良好的用餐习惯，动作协调能力、动手能力等明显提升，教师可以指导幼儿自己去端饭，以培养幼儿的自理能力，但要注意提醒幼儿不要烫伤自己和别人。

（5）组织幼儿安静进餐，吃饭过程中不打闹、不说笑、不乱跑等，注意安全。

（6）幼儿在端饭、用餐过程中，如果饭菜洒了，教师要及时清理，避免幼儿滑倒，严防出现安全事故。

（7）对待吃饭速度慢的幼儿，要细心指导，不要呵斥，以免使幼儿产生紧张、反感的情绪，造成厌食、畏食等，可以提醒与鼓励其跟上进餐的节奏，以免饭菜变凉，影响身体健康，也避免影响下一个环节的活动。对吃饭速度过快的幼儿，要及时提醒其细嚼慢咽。

（8）培养幼儿良好的用餐习惯，习惯的培养不是一蹴而就的，而是日日练习、巩固的结果。特别是对用餐习惯不太好的幼儿，要及时跟进，日日培养，使其养成良好的用餐习惯，杜绝安全事故的发生。

7. 餐后组织：

这个环节是容易出现安全事故的重要环节，教师必须眼观六路，有步骤、有措施地分步实施。

（1）餐后的习惯养成很重要。教师应要求幼儿把自己碗中的食品吃干净，不能随意倒掉食品，吃完后将自己的碗、勺子、筷子、餐盘等轻轻地放入固定的容器内，防止损坏。

（2）引导幼儿养成饭后漱口的良好习惯，要求幼儿饭后进盥洗室拿杯子接水漱口，然后用毛巾擦嘴。

（3）因为幼儿进餐的速度不一致，教师既要照顾正在进餐的幼儿，又要照顾用餐完毕的幼儿，教师要安排妥当，让吃完饭的幼儿进行一些安静的活动，如看图书、搭积木等，以免幼儿因等待的时间长而处于游离状态，发生事故。

（4）中班、大班的幼儿，可每天安排三名值日生，让他们按照分工各司其职，协助教师做好回收餐具、扫地等力所能及的工作，促使幼儿养成良好的餐后习惯。

（5）幼儿用餐完毕，教师可组织幼儿散步，进行安静的活动；也可以组织幼儿进行观察活动，如寻找幼儿园里的春天、观察园内植物的生长、观赏动物角里小金鱼的进食等，让幼儿顺利地进入下一个环节。

8. 多措并举，促使幼儿养成良好的进餐习惯。

幼儿期是孩子生长发育的关键期，摄取丰富的营养是幼儿健康发育的保证。教师要采取有效的方法，让幼儿快乐地食用有营养的食品。

（1）创设环境，促使幼儿养成良好的进餐习惯。在活动室的适当位置布置"比一比"栏目，教师为进餐习惯好和有进步的幼儿贴上小红花，及时跟踪幼儿的表现，创建积极向上的良好氛围。

（2）树立榜样，示范引领。在进餐环节，让习惯良好的幼儿向大家展示正确的用餐行为，让幼儿明白正确的用餐方法，从而让吃饭速度慢的幼儿逐步跟上大家的用餐节奏。

（3）统筹全局，兼顾每个幼儿。教师要关注每个幼儿的用餐情况，食品要均衡，保证每个幼儿都能吃好，使幼儿从自己独立吃饭的过程中体会到成功的喜悦，养成良好的用餐习惯。对于偏食的幼儿，要纠正其不良的饮食习惯，鼓励幼儿吃好吃饱，让幼儿懂得饭菜要吃得均衡，身体才健康。

9. 加强幼儿进餐环节的养成教育。对吃得慢的幼儿要给予特殊照顾，不要着急催促，强制其快速咽下食物。教师不可因为时间紧，赶着组织下一个环节的活动，就催促幼儿用餐。

10. 营造安全、卫生、整洁、有序、温馨的进餐环境，提醒幼儿进餐前后不要做剧烈活动。

三、家长应对策略

1. 配合幼儿园做好幼儿良好的进餐习惯养成工作。教会幼儿正确使用餐具，在规定的时间内用餐。不能溺爱幼儿，给幼儿喂饭，让幼儿边吃边玩或边吃边看电视等。如果家长的教导与幼儿园的常规要求不一致，幼儿的进餐常规就很难养成。

2. 教育幼儿养成良好的进餐习惯，不挑食，不偏食，注意营养均衡。

3. 教育幼儿养成正确使用餐具的良好习惯，不可拿着勺子或筷子跑动，以免发生危险。

4. 配合教师做好幼儿进餐技能的教育指导。例如，吃鱼时，要教给幼儿剔除鱼刺的方法，以免鱼刺卡住喉咙，发生意外。

附一：

进餐儿歌

小朋友们要知道，安全用餐要记牢。
文明有序不乱跑，不嬉戏也不打闹。
餐具一定摆放好，安全隐患要除掉。
合理搭配不挑食，荤素均衡营养高。
细嚼慢咽易吸收，身强体壮身体好。

附二：
幼儿园进餐环节安全管理制度

进餐是幼儿园一日活动中的重要环节，也是幼儿身体健康的起点。为确保就餐过程中幼儿的安全，特制定《幼儿园进餐环节安全管理制度》。

一、教师要认识到进餐环节是安全事故多发的环节，要耐心细致地培养幼儿良好的进餐习惯和安全意识。

二、进餐前，教师可以播放《进餐儿歌》，让幼儿稳定情绪，安静下来，教育幼儿吃饭过程中不打闹、不说笑、不乱敲餐具、不乱跑，防止安全事故发生，养成安静、有序进餐的好习惯。

三、教师根据食谱的内容准备食物的图片以及有关食物营养价值的资料等，进行播报，激发幼儿进餐的兴趣，增进幼儿的食欲，为幼儿创造温馨、宽松的进餐环境。

四、教育幼儿吃饭过程中要坐端正，不东张西望、不拥挤、不碰撞，以免碰伤、烫伤自己或别人，做到安全第一。

五、幼儿园邀请专家对教师进行相关应急专业知识技能培训，让教师掌握突发安全事故应急处理方法。

六、幼儿园、教师要把《幼儿园进餐环节安全管理制度》落实到位并严格执行。

第四章

如厕环节存在的安全隐患及对策

第四章　如厕环节存在的安全隐患及对策

幼儿养成文明的大小便习惯对幼儿的身体和心理健康十分重要。幼儿从家庭来到幼儿园，走向集体生活，面对新的环境、新的老师、新的小伙伴，有诸多的不习惯。对于大多数幼儿来说，形成良好的如厕习惯需要一个过程，教师要耐心、细致、有效地帮助并指导幼儿如厕，让其养成健康的生活方式，快乐地成长。

在幼儿园的一日生活中，如厕是很重要的一个环节，特别是活动后如厕幼儿多且集中，在这个环节中，若教师管理不善、要求不严、措施不到位，加上幼儿自我管控能力差，多有安全事故发生。所以，幼儿园教师要特别关注幼儿如厕环节的安全，积极采取相应对策，消除安全隐患。为此，本章将结合一些案例对如厕环节中存在的安全隐患及对策进行重点阐述。

案例

一、争抢便位，导致幼儿意外受伤

游戏课刚一结束，丁丁和乔乔几乎同时飞奔着冲进盥洗室。进入盥洗室之后，两人因争抢便位发生争执，互不相让。其实盥洗室还有很多空便位，可两个人偏要抢靠近窗子的空便位。不一会儿，两人由争吵上升到了角力。体格较壮的丁丁凭借身体优势试图把乔乔挤到一边，但由于用力过大，意外地把乔乔挤下便池。乔乔摔倒在地，头磕在台阶上，因疼痛而哭了起来。

许老师听到哭声后立即跑进盥洗室，看到乔乔在便池边躺着，头部有伤，并流出血来。她急忙抱起乔乔向保健室奔去，保健医生仔细查看了乔乔的伤口之后说，由于伤口较大，保健室不具备治疗条件，需要到医院做进一步的伤口处理。于是，许老师和保健医生一起带着乔乔匆忙来到专业医院。医生检查之后对伤口进行了处理，为便于伤口愈合，又缝了几针。考虑到孩子年龄小，担心其脑部受到损伤，许老师又请求医生做了进一步的专业检查。通过相关医疗设备的检查，乔乔除头部伤口外，没有发现其他方面的异常。

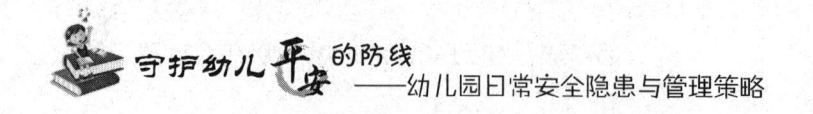

乔乔在家休养了两周，基本痊愈后回到幼儿园，但头上的伤疤仍清晰可见。

二、培养亲近感，小毛病需心理医

刚上小班的豆豆在家里大小便总有奶奶陪着，到幼儿园之后，由于环境生疏，加上她有点胆小，不太爱说话，想要大小便却不敢主动跟老师说，因此经常尿湿裤子。每次发现豆豆尿湿了裤子，老师都及时给她换掉，还嘱咐她想要大小便时及时报告老师，但豆豆还是不能自己主动大小便。

为了培养豆豆的良好习惯，班主任刘老师总把豆豆抱在怀里，用爱心和温暖拉近和豆豆之间的距离，同时还及时提醒她解手。即便这样，豆豆还是偶尔会尿裤子。每当豆豆尿裤子，刘老师总是和蔼地对她说："没关系，下次老师喊的时候要及时去；如果老师没喊，要大小便了，你可以悄悄地告诉刘老师，下次不要再把裤子尿湿了，好不好？"豆豆懂事地点点头，慢慢地学会了想要大小便时及时向老师报告。

幼儿园老师面对的是年幼的孩子，每个孩子的性格差异很大。因此遇到特殊的孩子，要及时进行心理引导，培养孩子对老师的亲近感、信任感。只有这样，孩子对外界的担心和芥蒂才会慢慢消除，同时在轻松愉悦的环境中，孩子会感到老师可爱、亲切，也更乐于接受老师的教导，就像案例中的刘老师这样，通过培养亲近感，让豆豆在不知不觉中融入了班集体，养成了良好的行为习惯。

三、盥洗室地面滑，安全事故频发生

户外活动刚结束，小亮就急匆匆地冲进盥洗室想要如厕，却不小心一个趔趄摔倒在地上。小亮试图站起来，但发现自己的腿不听使唤，并且疼痛难忍，便哇哇大哭起来。郑老师听到哭声连忙进来，发现盥洗室的地面有水，十分光滑，小亮因跑得太快，不小心摔倒了。郑老师询问亮亮哪里疼，不敢擅自拉他起来，以免造成二次伤害，就把保健医生请过来。在保健医生的指导下，郑老师和保健医生一道把亮亮送到骨科医院诊断。

经专业医生诊断，亮亮腿部骨折，需要打石膏进行固定。亮亮的家长接到老师的通知后立即赶到医院，发现孩子受伤严重，情绪激动，直到医生告知不会对孩子的健康成长造成大碍才放了心。

四、幼儿打闹要防范，抓伤碰伤常发生

活动结束后，王老师组织幼儿分组进入盥洗室如厕，突然传来"哇哇"的哭声，王老师立马跑过去查看究竟。只见阳阳的手背上有一道又深又长的指甲印。看到老师来了，阳阳委屈地说："丁丁抓伤了我的手。"一旁的丁丁低着头，不吭声，似乎知道自己做得不对。阳阳说，他看到丁丁插队，便上前阻止，结果丁丁就把他的手抓伤了。

王老师急忙带阳阳到保健室处理伤口，并安抚一直哭的阳阳，夸阳阳是懂得遵守秩序、坚持正义的好孩子。给阳阳包扎完毕，王老师把一直低头不语的丁丁叫到跟前，耐心地教育丁丁要和气、有礼貌、文明地和小伙伴在一起玩耍、学习，抓伤别人的行为是错误的，以后要改正，丁丁听了用力地点了点头，并主动向阳阳道了歉。

五、关门要观察，避免伤到人

游戏活动结束后，孙老师组织幼儿进入盥洗室如厕。忽然，孙老师听见有人哭喊"老师"，便连忙赶来，发现婷婷正蹲在地上哭，两只小手捏在一起。

孙老师让婷婷把手松开，仔细一看，发现她的手指被夹伤了，并且有红肿现象。孙老师急忙抱起婷婷将她送到幼儿园保健室，保健医生检查后发现婷婷的手指有红肿症状，孩子年龄小，一直哭，对伤情不能完整、准确地表达，孙老师与保健医生就带着婷婷去骨科医院做进一步的检查治疗，同时通知婷婷的家长来医院。经过拍片等相关检查，没有发现婷婷有骨折等情况，处理完伤口后，医生让家长带着婷婷回家休息疗养。

从医院回来后，孙老师想了解当时到底是发生了什么状况导致婷婷手指红肿。原来游戏活动结束后，班上几个孩子在活动室门口玩捉迷藏的游戏，婷婷小便后从盥洗室出去，她正想把门打开，外面几个孩子推搡着进来，把婷婷的手指夹在了门缝中。

应对策略

一、幼儿园应对策略

1. 制定《幼儿园盥洗室卫生管理制度》《幼儿园如厕环节安全管理制度》等，组织教师学习并熟知相关内容。

2. 制定《幼儿园一日礼仪规范》，明确对幼儿各个时段的常规要求及文明礼仪要求。

3. 组织教师开展预防盥洗室安全事故交流会，让教师了解如厕环节存在的安全隐患及预防措施，避免安全事故的发生。

4. 与家长进行沟通和合作，共同培养孩子的如厕习惯及安全意识。

二、教师应对策略

1. 要了解班级幼儿的实际情况和个体差异，根据幼儿的年龄特点、实际水平，培养幼儿良好的如厕习惯。

2. 要营造安全、有序的如厕氛围，让幼儿心情愉悦地如厕。

3. 注重对幼儿如厕的常规培养，教给年龄小的幼儿脱裤子、提裤子、便后擦屁股的方法，教育幼儿将用完的手纸放入纸篓，引导幼儿养成便后洗手并及时关好水龙头的习惯。

4. 保持盥洗室环境卫生的整洁，定时消毒，及时清扫，保持干燥，以免发生安全事故。

5. 教育幼儿文明如厕，不打闹，不争抢，有序排队如厕。

6. 制定幼儿如厕常规，并将图示张贴于盥洗室，加强对幼儿如厕的正确引导。

7. 开展如厕安全事故预防主题活动，教育幼儿了解如厕过程中存在的安全隐患及不当行为，让幼儿形成安全防范意识。

8. 组织幼儿如厕时，管理要细，可让男孩、女孩分组进行。教育幼儿要互爱互助，有序如厕、安全如厕、文明如厕。

9. 平时多注意对幼儿进行安全常识教育，增强幼儿的自我保护意识。禁止幼儿把手伸进门缝里。另外，教师在开门、关门时一定要看看周围有没有幼儿，以防发生意外。

10. 活动结束后，如厕的幼儿多且时间集中，要予以特别关注，可播放《如厕儿歌》，进行温馨提醒。

三、家长应对策略

1. 树立科学的教育观念，充分认识培养幼儿自理能力的重要性。
2. 重视培养幼儿自主如厕的能力，鼓励幼儿适应新的环境。
3. 教育幼儿如厕时应排队等候，不打闹，不争抢，文明如厕。
4. 给幼儿穿大小合适且宽松的裤子，以便于幼儿穿脱。
5. 要告知教师幼儿的心理、生理特点，让教师有针对性地对幼儿进行教育培养，让幼儿在愉快的环境中健康成长。

附一：

如厕儿歌

小朋友们请听好，如厕儿歌要记牢。
不拥挤也不打闹，小心摔倒碰伤了。
文明有序莫忘掉，安全第一最重要。

附二：

幼儿园如厕环节安全管理制度

在幼儿园一日活动中，幼儿如厕是频繁出现并且很重要的一个环节，特别是在活动前后、午睡前后，幼儿如厕人数多且集中。若教师管理不善，要求不严，措施不到位，加上幼儿年龄小，自我管控能力较差，易造成意外安全事故。特制定《幼儿园如厕环节安全管理制度》。

一、幼儿园盥洗室设施要符合安全标准。大、中、小班的幼儿年龄不同，身高有差异，大、中、小班的水池、便池、台阶等设施应与之相适应，坚持安全第一的原则，确保幼儿如厕时的安全。

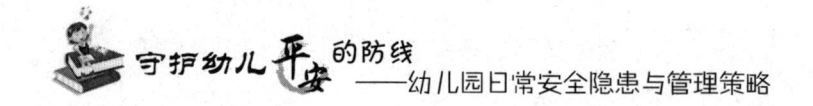

二、幼儿园盥洗室的地面要用防滑地砖铺砌，地面要保持干净，以防止幼儿如厕时滑倒摔伤、碰伤，发生安全事故。

三、活动前后、午睡前后，幼儿如厕人数多且集中，容易发生安全事故，必须要有值班教师看护，不能有空档。

四、如厕环节，教师应组织幼儿文明排队，男女生分组有序进出，不拥挤，不碰撞，确保幼儿安全。

五、清洁值班员每天必须冲洗盥洗室2~3次，并拖干净地面，保证幼儿安全。

六、清洁值班员每天要擦洗便池，保持厕所清洁通风、无臭味，并做好消毒工作。

七、教育幼儿文明如厕，大小便要入槽，便后洗净手，不乱抛杂物，讲究卫生，节约用水。

八、教师和清洁卫生工作负责人员要把《幼儿园如厕环节安全管理制度》落实到位并严格执行。

幼儿园消毒制度

《幼儿园教育指导纲要（试行）》中明确指出："幼儿园必须把保护幼儿的生命和促进幼儿的健康放在工作的首位。"培养体、智、德、美诸方面全面发展的高素质幼儿是幼儿园教育的总目标。为了实现这一目标，保证幼儿的健康成长，特制定《幼儿园消毒制度》。

一、幼儿一日三餐使用的碗、勺、筷子须清洗干净并消毒，饭前用消毒水擦净餐桌，再用专用抹布擦干净。

二、幼儿一日三餐使用的擦嘴毛巾每日消毒一次。

三、桌椅、门把手、水龙头、楼梯扶手每日擦洗并消毒一次。

四、寝室、活动室、盥洗室地面须随时清扫，拖把每日消毒一次。

五、幼儿使用的玩具每周消毒一次。

六、幼儿使用的杯子每日早晚清洗并消毒。

七、盥洗室要保持通风，随时清扫，做到无异味，便槽用水冲净，地面和便槽每日消毒一次。

八、加强幼儿一日生活常规管理，教育幼儿保持个人清洁卫生，培养良好的卫生习惯。

九、教师和清洁卫生工作负责人员要把《幼儿园消毒制度》落实到位并严格执行。

第五章

饮水 环节存在的安全隐患及对策

第五章　饮水环节存在的安全隐患及对策

幼儿饮水环节直接关系着幼儿的身体健康，幼儿园有责任和义务对幼儿饮水时段、饮水量作出详细规定和安排，以确保幼儿每天按需、按量健康饮水。同时幼儿园要注重幼儿饮水环节的安全问题。在幼儿饮水环节易出现烧伤、烫伤等安全隐患，甚至发生严重的烧伤、烫伤事故，为此本章将结合案例具体阐述幼儿园饮水环节的安全隐患及对策。

案例

一、小过失，酿成烧伤大问题

小班新入园的笑笑正躺在医院的病床上，为方便治疗，医生剃去了她的头发。她右眼红肿，被烫伤的右半边脸涂满了药物。

上午近9点，笑笑的妈妈李女士接到幼儿园老师打来的电话，得知女儿被烫伤了。据幼儿园值班教师描述，当时孩子们吃完早餐后，老师要及时对活动室进行打扫整理。在幼儿园，活动室既是幼儿室内活动的地方，又是就餐场所，餐后的活动室比较零乱，老师必须迅速打扫，以便小朋友开展下面的教学和游戏活动。打扫完活动室，保育教师对餐具进行了洗涮并整理归类，再将餐具放进消毒柜进行消毒。

忙完这些，老师便接了一杯开水准备凉着一会儿喝，没想到当她端起杯子转身时，正和其他小朋友嬉戏的笑笑从背后跑来不小心撞到老师的手，杯子从老师手中脱落，刚好落在笑笑头上。笑笑的头上、脸上、脖子及前胸后背都有开水溅落。因事态严重，值班教师立即叫来班主任及保健医生，在做了应急的烫伤治疗后，他们将笑笑送进医院急诊进行治疗，后又转送到医院烫伤科。

事发后，幼儿园方面第一时间通知了笑笑的家人，笑笑的家人听到消息后心急如焚地赶到医院。虽然幼儿园方面表示负责所有医疗费用，但是这缓解不了笑笑家人的忧虑之情。他们担心笑笑的脸上会留下疤痕，影响到她未来的生活。

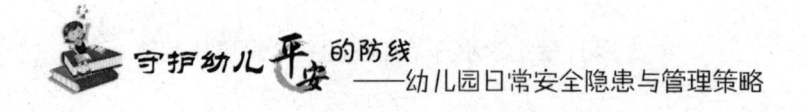

二、饮水要适量，身体才健康

妈妈每次送壮壮到幼儿园总不忘交代他多喝水，壮壮每次都看似听话地点点头。其实壮壮在家最不爱喝白开水，妈妈之所以这样交代他，就是为了提醒他改掉自己的毛病。

妈妈知道壮壮在幼儿园活动量大，出汗多，必须及时补充水分。平时在家时，奶奶比较溺爱壮壮，每次他说口渴时，奶奶总给他喝饮料，因此壮壮养成了不爱喝白开水的不良习惯。上幼儿园后，每到喝水环节，老师便会多次提醒壮壮，但他接过水杯后，经常做做样子象征性地喝上一口，趁别人不注意就倒掉了。

今天天气比较热，户外游戏结束后，孩子们个个都是满头大汗。张老师让孩子们准备排队喝水，因为是集体活动，壮壮也跟随着队列进入了盥洗室接水。与往常一样，他接完水后喝了一口，趁人不备快速地把水倒掉了，然后若无其事地转身进入活动室。张老师问孩子们："大家都喝水了吗？""喝了。"大家整齐响亮地回答道。

餐后散步环节，有位小朋友急匆匆地跑到张老师面前，紧张地说："张老师，不好了，壮壮的鼻子流血了！"张老师连忙来到壮壮身边，发现壮壮的衣服上有血，小脸蛋上揉得也都是血。张老师拉住壮壮的小手来到盥洗室，帮他把小脸蛋清洗干净之后，带他来到幼儿园保健室。保健医生问壮壮："怎么流鼻血了？是不是没有喝水？"壮壮诚实地点点头。保健医生说壮壮没有什么大碍，天气干燥，注意多喝水就行了。保健医生帮他把鼻孔中渗出的血清洗干净，接着又接了一杯水给壮壮："小朋友，以后要记得喝水啊！不喝水容易上火，还容易得病。你看，你就是因为不爱喝水，鼻子才流了这么多血。今后一定要养成多喝白开水的好习惯。"

接孩子时，张老师把壮壮的事情告诉了壮壮妈妈，让她在家也时常提醒孩子多喝白开水。

三、饮水不卫生，细菌感染易生病

明明是个急性子，跑得快，吃饭快，喝水也快。每次吃饭时，他总是狼吞虎咽，别的小朋友还没吃到一半，他就已经结束了"战斗"。

因为吃得过快会有不安全因素，因此明明是李老师重点监督和提醒的对象。由于李老师监管到位，提醒频繁，明明吃饭时比原来放慢了速度，但他喝水时一饮而尽的习惯没有彻底改掉。

今天的体育游戏是"捉尾巴"，孩子们跑的时间有点长，活动量比较大，小朋友身上都出了汗。李老师让孩子们坐在椅子上休息，顺便喝点儿水。明明口渴得厉害，看大家正在排队接开水，开水太热无从下口。他急中生智，趁老师不备，快速地从水龙头下接了一杯自来水一饮而尽，紧接着又"咕咚咕咚"喝了两杯，而此时老师正在活动室准备教具，并没有发现明明的举动。饮水环节结束后，小朋友陆续回到活动室。没过多长时间，明明的肚子开始疼起来。

李老师带他到保健室看医生，医生了解情况后给明明开了一些药，嘱咐他一定按时服用。

幼儿年龄小，身体抵抗能力弱，不良的饮食、饮水行为会引起身体的不适，教师一定要加强监督和教育。

四、细微失误隐忧在，事故时时会发生

午餐后，按照幼儿园活动安排，是幼儿散步时间。魏老师带领孩子们在活动区散步后，进入休息室，大多数孩子开始上床休息，盥洗室还有几个孩子正在如厕。保育教师宋老师把碗筷送到消毒间后，按工作习惯，在幼儿园茶水间提了一桶开水倒到茶桶里，准备等孩子们起床后饮用。

考虑到午休时间不太长，配备的茶水桶是保温的，并且保温效果相当好，为了让孩子们起床后能喝上温度适宜的开水，宋老师把茶桶盖子开了一条缝散热。

考虑到孩子们都休息了，不会有人触碰保温桶，宋老师就放心地去活动室打扫卫生了。突然，她听见盥洗室传来孩子的哭声，急忙跑过去一看，琦琦的茶杯掉在地上，原来琦琦看到茶桶盖开着，就想自己打点水喝，琦琦举着小手对宋老师说疼。宋老师一看，琦琦的小手

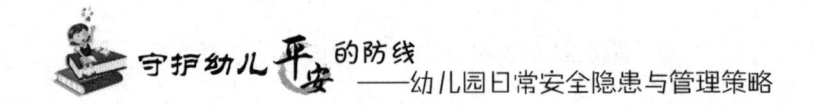

已被热水烫得通红,她赶忙抱起琦琦,打开水龙头,不停地用冷水冲。冲了一会儿之后,抱着琦琦去保健室进行处理。幸好宋老师处理及时,方法得当,才避免了更为严重的后果。

五、教师缺位有漏洞,安全事故常发生

午睡后,到了起床时间,刘老师组织孩子们陆续穿衣下床,并要求孩子们自己把衣服整理好。

班上有个小女孩头发较长,她自己不会梳理,刘老师便把她带到活动室,给她梳头。秦老师组织男孩子起床后如厕、洗手、喝水,并准备给大家分水果吃。给小女孩梳完头发后,刘老师匆忙地打扫休息室,刚打扫完,她听见盥洗室传来急促的哭喊声:"老师!老师!快来!阳阳的脸上流血了!"两位老师几乎同时赶来,发现阳阳的脸上有血迹。刘老师让秦老师看管好其他孩子,自己带阳阳去了保健室。

保健医生查看后说阳阳的伤口较深,需要缝针,幼儿园不具备条件,还需要到正规医院去。刘老师和保健医生赶忙将阳阳送到附近一家医院,医生及时止血并处理了伤口,给阳阳缝了两针。阳阳因紧张和疼痛一直在抽泣,刘老师不断地安慰他。

处理完阳阳的事情回到班上,刘老师通过了解才知道,原来当时几个男孩子在盥洗室喝水,聪聪把水洒到了地上,几个调皮的孩子觉得很好玩,都随意地把杯子里的水倒在地上,亮亮干脆直接接水龙头里的自来水往地上泼,满地都是水。这时,阳阳小便后准备去活动室,刚走几步,脚下一滑摔倒在地,头磕到了茶水桶的边上,小脸就这样磕破了。

幼儿年龄小,缺乏自我管理、自我管控的能力,教师的监管责任必须贯穿于幼儿一日生活的各个环节,在盥洗室、活动室等容易出现安全隐患的地方,教师要密切关注。在这起事故中,幼儿离开了教师的视线,把教师所要求的常规忘得一干二净,所以,教师要注意重点环节的看管工作与幼儿的习惯养成教育。

六、操作热水壶,烫出大水泡

医院烧伤整形科来了一位小病人,这是一个刚刚四岁的孩子,名

第五章 饮水环节存在的安全隐患及对策

叫苗苗。她为什么会受伤呢？事情的经过是这样的。

苗苗活泼好动，对什么都感到新奇。上午，苗苗看到老师用电热水壶接水，不一会儿，水就烧开了，老师把开水倒进茶杯。这激起了苗苗的好奇心。苗苗趁老师组织其他孩子如厕的机会，学着老师的样子，试着给水杯里倒水。由于力气小，热水壶重，苗苗用两只手才能够把热水壶提起来。由于两只手用力不协调，热水壶碰到了桌子，热水溢了出来，顺着桌子洒了一地。苗苗来不及躲闪，两只脚被热水烫伤，等老师迅速赶到时，她脚上满是被烫起的水泡，老师迅速将苗苗送到医院。

后经医院诊断，为了安全起见，医生建议苗苗留院接受治疗。热水烫伤看似简单，却容易感染，伤口不容易愈合，如果得不到专业护理，安全风险非常大。

幼儿年龄小，自控能力较差，对安全隐患不能觉察，有时因模仿教师的行为，但自己的能力又无法达到，而出现意外事故。教师要时时处处做个有心人，预测存在的安全隐患，及早防范。

应对策略

一、幼儿园应对策略

1. 制定《幼儿园饮水环节安全管理制度》，并张贴在盥洗室的适当位置，让教师和幼儿熟知。

2. 加强幼儿园安全检查，抽查班级重要环节教师的安全工作责任是否落实到位，如对幼儿饮水环节的有效指导，以引起教师的重视。

3. 加强对教师的安全培训，邀请安全教育方面的专家来园讲学，增强教师的安全防范意识。

4. 开展教师安全教育交流会，针对饮水环节的安全隐患进行交流、剖析等，引起大家的关注与重视，从而避免意外事故的发生。

5. 定时开展班级安全隐患排查，及时解决设施方面存在的安全问题，保证幼儿安全。

6. 加强教师之间的合作，增强教师组织活动时的安全意识，提高教师的组织能力与对安全隐患的预测、预防能力。

7. 做好幼儿水杯每日消毒工作，落实幼儿园消毒制度。

8. 创设环境，正面引导。在饮水处张贴正确的饮水图解，让幼儿知道饮水的正确步骤及方法，养成良好的饮水习惯。

9. 召开家长会，明确幼儿安全教育的重要性。发放《家园共育告知书》，告知家长幼儿一日生活安全教育的主要工作等，形成家园一致的安全教育目标。家园同步教育，促进孩子健康成长。

10. 幼儿饮水前，播放《安全饮水儿歌》，进行警示教育。

二、教师应对策略

1. 加强幼儿饮水环节的养成教育，教育幼儿养成按时饮水的良好习惯，让幼儿知道喝水对身体健康的重要性，了解喝水的基本常识，保证幼儿每天身体所需的饮水量。

2. 为幼儿提供足量的、温度适宜的开水，在户外活动后、课间等环节组织幼儿喝水，并提醒幼儿多喝水，让幼儿能逐渐做到根据自己身体的需要主动喝水、适量喝水。

3. 在盥洗室的门口处张贴幼儿饮水的图解，督促幼儿每天饮水。发现没有喝水的幼儿，要及时提醒；针对不爱喝白开水的幼儿，要细心教育，督促检查。

4. 教育幼儿养成文明饮用白开水的好习惯，喝水时不争抢、不打闹，注意安全。

5. 教给幼儿正确接水、饮水的方法。接水时，杯子对准接水口，以免热水烫伤小手；接半杯，喝完后再接；喝水时，要先小口尝试水温后再饮水，以免被热水烫伤。同时，教给幼儿如何在取放杯子、接水、喝水的过程中正确使用杯子。

6. 教育幼儿喝水时不洒水，不在盥洗室泼水或把水倒在地面上，如果发现有幼儿洒水或地面有水，应及时阻止和处理，保持地面干燥。

7. 根据幼儿的年龄特点及实际情况，组织针对饮水环节的主题教育活动，让幼儿知道饮水对自己健康成长的重要性，养成爱饮白开水的好习惯。

8. 针对饮水环节存在的安全事故，组织教育活动，如播放安全活动课件，让幼儿知道饮水环节的事故种类及事故发生的原因，避免安全事故的发生。

9. 关注个体差异，针对不爱喝白开水、喝水习惯不好的幼儿，要随时关注，保证幼儿每天的饮水量，让幼儿逐步养成良好的饮水习惯，能安静、有序、及时地喝水，保证身体健康，避免安全事故的发生。

10. 班里的教师在饮水环节要明确分工，明确站位和职责，让幼儿在教师的视野范围内活动，保证幼儿安全。

11. 大班幼儿做事能力较强，可找能力强的幼儿担任值日生，提醒其他幼儿有序地接水、把杯中的水喝完等。这样的尝试不仅有利于幼儿在饮水环节自觉地遵守饮水规则，逐步养成良好的饮水习惯，同时能让部分能力强的幼儿协助教师做好饮水环节的细节管理，保证幼儿饮水环节的安全。

三、家长应对策略

1. 教给幼儿正确饮水的方法并坚持实施。不能幼儿园要求严，家里要求松，这样不利于幼儿养成良好的饮水习惯。

2. 坚持正面教育，鼓励幼儿多喝白开水，及时纠正幼儿不良的饮水习惯。

3. 加强幼儿的文明礼仪教育，如告知幼儿在幼儿园饮水时需排队等待等。

4. 及时与教师沟通，了解幼儿的饮水情况，实现家园饮水环节安全教育的持续与同步。

附一：

安全饮水儿歌

（一）

小朋友们要知道，开水常饮习惯好。
体内病菌排除掉，保护肠道防感冒。
皮肤湿润不干燥，身体强壮好宝宝。

（二）

小朋友们要记牢，饮水安全很重要。
有序排队去接水，防止摔倒烫伤了。
杯口对准接水口，杯中不满为最好。

附二：

幼儿园饮水环节安全管理制度

幼儿饮水环节直接关系着幼儿的身体健康，非常重要。由于幼儿年龄小，活泼好动，自我管控能力较差，尤其是幼儿饮水次数较多又比较分散，时间不易集中，教师不易管控，是幼儿安全隐患多发的关键环节。为此，特制定《幼儿园饮水环节安全管理制度》。

一、教师要熟知和正确理解《幼儿园饮水环节安全管理制度》的内容要求，教育和指导幼儿按要求喝够一定量的白开水，促进幼儿身体健康成长。

二、教师和家长要共同教育幼儿养成文明饮水的良好习惯，在饮水环节不争抢、不碰撞、不打闹、不说笑，有序饮水，以免烫伤自己或别人，做到安全第一。

三、教师和家长要共同教育幼儿养成喝白开水的习惯，杜绝饮用生水、冷水，以免造成肠胃不适。

四、在幼儿集中饮水安全事故多发的环节，必须有值班教师看护，不能有空档，防止幼儿烧伤、烫伤等安全事故的发生。

五、教师要教会幼儿正确接水的方法，要把杯口对准茶桶水嘴，不慌不忙，稳妥拧开，以接半杯为宜，防止开水溅洒溢出，烫伤自己或别人。

六、教师要提醒幼儿接好水后及时关上茶桶水嘴，接的水要喝完，不能往地上泼洒，养成节约用水的良好习惯。

七、幼儿园要加强对教师饮水环节突发安全事故的应急处理培训，让教师熟知饮水环节的常规要求，并能掌握必要的应急处理技能。

八、教师和家长要把《幼儿园饮水环节安全管理制度》落实到位并严格执行。

第六章

集体教育活动环节存在的安全隐患及对策

第六章　集体教育活动环节存在的安全隐患及对策

幼儿园的集体教育活动指幼儿园和教师有目的、有计划地组织全园幼儿或班级所有幼儿都参加的集体活动，对幼儿的学习、智力开发以及诸多技能的培养都具有积极的促进作用。在幼儿园一日活动中，集体教育活动是培养幼儿集体主义精神非常重要的一个环节，教师组织活动时要细致周到，关注每个孩子，关注每个细节，如果组织不科学、要求不精细、措施不到位，会存在诸多安全隐患，进而引发意想不到的安全事故，不利于孩子的健康成长。为此，本章结合一些具体案例，对集体教育活动环节存在的安全隐患及对策加以详细的阐述。

案例

一、外出离园参加活动，安全监管不能缺失

5岁多的贝贝是幼儿园大班的小朋友，因创作儿童画获得大奖，被推荐代表学校参加公益宣传活动。活动期间，贝贝和旁边的小朋友聪聪打闹时，不小心被铅笔扎伤眼睛，眼角膜损伤较重，必须接受手术治疗。

据主治医生讲，即便手术成功，以后孩子的视力也会受到一定程度的影响，至于影响到什么程度，现在还不好下定论。据贝贝爸爸回忆，当天下午5点左右，他到幼儿园接贝贝时，孩子说的第一句话就是："爸爸，我的眼睛被聪聪打伤了，好痛。"出于安全考虑，贝贝爸爸带着孩子在附近医院做了诊断检查和简单治疗。但仅过了几天，贝贝就表现出近乎失明的状态，贝贝爸爸预感到可能情况不好，便将贝贝带到专业的眼科医院检查。医院检查的结果让他大吃一惊，医生告诉贝贝爸爸，孩子眼睛的伤情不容乐观，需要立即转院到医疗条件更好的医院治疗。随即贝贝爸爸把孩子送往一所知名的专业眼科医院接受治疗，但贝贝因受伤后多日才送医院治疗，错过了最佳治疗期，手术虽然有助于孩子恢复视力，但孩子的视力会受到一定程度的影响。贝贝爸爸后悔自己当时没有及时把孩子送到专科医院诊断，因为孩子

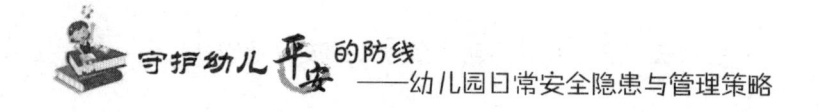

眼睛受伤幼儿园也负有一定责任，所以他向幼儿园提出了经济赔偿的要求。

二、音乐游戏活动，幼儿意外磕伤

李老师是一名性格活泼开朗的音乐教师，上课时她经常组织音乐活动，孩子们非常喜欢。

今天，李老师组织孩子们学习歌曲《拉拉钩》，当唱到歌词"你伸小指头，我伸小指头，拉拉钩，拉拉钩，拉拉钩"时，孩子们情绪高涨，笑声不断。李老师问："大家学会唱了没有？"孩子们齐声回答："学会了。"李老师说："好，下面在唱歌的时候再加上几个好看的动作，小朋友们说好不好？"孩子们齐声回答："好。"李老师接着说："当大家唱到'拉拉钩'时，相邻的两个小伙伴手指要拉在一起，听清楚没有？"孩子们说："听清楚了！"李老师又对孩子们讲了注意事项，要求大家拉钩的时候轻拉轻放，注意安全。活动开始，李老师弹钢琴，孩子们随着音乐的旋律唱歌、做动作，当唱到"拉拉钩，拉拉钩"时，突然传来小朋友的哭声。

原来，强强和乔乔手拉在一起时，也许是因为太兴奋，强强用力过大，无意间把身体单薄的乔乔拉倒了，乔乔摔倒在地，小脸磕到了活动室的椅子上，流出了血。李老师立即停止教学，让王老师暂且看着其他孩子，自己抱起乔乔去保健室处理伤口。保健医生给乔乔进行消毒、清洗、包扎，虽然伤口不大，但乔乔受到了惊吓，李老师对乔乔进行了心理疏导，并通知乔乔的家长将孩子带回家好好休息。

处理完乔乔的事情，李老师回到班上了解当时的情况，原来李老师讲注意事项的时候，力气大、个子高的强强正在和同学说话，没有注意听，做动作的时候，由于用力过大把乔乔拉倒了。看到乔乔摔伤后，强强一时不知所措，心里非常害怕和内疚，李老师对强强进行了批评教育。通过这件事，李老师也认识到了自己当时考虑欠妥，只想着让气氛活跃起来，对安全方面没有考虑太细致。意识到这一点后，李老师立即把相关的安全隐患都讲给孩子听，要求大家在以后的活动中注意安全，以免发生事故。

三、游戏活动难监控，幼儿互撞有风险

张老师今天组织的集体教育活动是"小猫刮胡子"，目的是让孩子们懂得"每个人都有自己的特点，不要盲目跟别人学"的道理。

张老师制作了电脑动画，让孩子们先欣赏，看完之后回答两个问题：小猫刮胡子后追捕老鼠时发生了什么事情？小猫为什么会碰得头破血流？并让孩子们准备表演。张老师在上面讲的时候，调皮的旺旺对飞飞说："来，咱们俩先试一试。"结果没有听明白故事情节和动作要点的旺旺在做动作时额头撞在飞飞的鼻子上，飞飞的鼻子顿时血往外流，飞飞吓得大声哭喊起来。

张老师急忙过去，先带飞飞到盥洗室清洗止血，处理后抱着飞飞到保健室，让保健医生做进一步的伤情判断和处理。

通过这件事，张老师意识到，活动时一定要先充分考虑安全因素，孩子年龄小，调皮好动，自我保护能力差，稍有不慎就会有安全问题。像今天的事情，如果造成孩子鼻梁骨折，那么后果将更加严重。所以以后在组织活动时，每个环节都要注意安全防范，这样才能保证孩子不受伤害，不出现安全事故。

四、动手小制作，方法错误划破手

幼儿园里，孟老师正组织孩子们开展手工制作活动，活动主题是用剪刀剪小动物。考虑到孩子们年龄小，不太会使用剪刀，孟老师就提前准备好青蛙图片，孩子们只需简单地剪一下就可以了，主要是为了让孩子学会正确使用工具。

孟老师说："孩子们，青蛙的腿这个地方需要你们用剪刀剪开，虽然不太复杂，但有不少小朋友不太会使用剪刀，人家一定要记好，不要慌，按老师教你们的步骤慢慢剪，一定要注意安全。"

每组小朋友前面都有一个工具筐，里面放着剪纸所需的工具。孟老师要求孩子们用完之后一定要把工具放回筐里，用剪刀时要轻拿轻放，特别强调一定要注意安全。

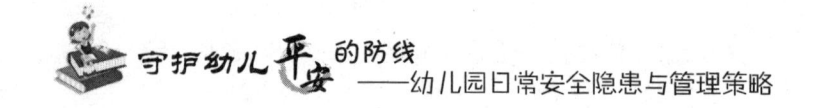

过了一会儿，剪刀用得熟练的孩子完成了任务，并且按老师的要求把剪刀安全地放到了筐里。有几个平时不常用剪刀的孩子剪纸的速度比较慢，孟老师便细心指导他们怎样安全使用剪刀。正在这时，孟老师听到有个孩子叫了一声："我的手——"孟老师立即意识到一定是有孩子没按要求去做，出事了。果不其然，宇宇的手受了伤，流出了血。孟老师急忙跑过去检查宇宇手上的伤口，并问他发生了什么事，原来宇宇看到涵涵的小剪刀好看就去拿，不小心被涵涵的剪刀划破了手，手指流血了。为预防感染，孟老师立即带宇宇到保健室进行了包扎。

五、工具使用不小心，剪刀伤了小脸蛋

今天上午，赵老师组织孩子们玩游戏拼图，在认识几种常见图形的基础上，让孩子们粘贴图形。活动前，赵老师在每个孩子的盘子里放了形状不一的各种卡纸，让孩子根据自己的认知构思图画内容，剪贴交通工具、动物、植物等，剪刀等物品摆放在每人面前的桌子上，需要什么，自己选取。

兰兰根据自己的喜好选了一把黄色小兔形状的剪刀。婷婷也想挑选昨天使用过的小兔形状的剪刀，可是盘子里没有。这时，她看见兰兰的手里拿着的正是自己想要的那把剪刀，就对兰兰说："这是我昨天用的小兔剪刀，你给我，是我的！"兰兰说："今天是我先拿到的，我先用，不给。"婷婷起身来夺，这时意外发生了，婷婷在与兰兰争夺剪刀的过程中，被剪刀碰到了脸，鲜血顿时流了下来，婷婷哭了起来。

正在辅导其他孩子的赵老师听到哭声后，急忙走过来，发现婷婷的脸上在流血，便立即抱起婷婷往保健室跑去。因为伤口较深，且在脸上，处理不好容易留下疤痕，保健医生建议将婷婷送往医院处理。

到医院后，医生为婷婷进行了耐心细致的伤口处理，为尽可能地减少留下疤痕的概率，医生还给婷婷缝了针。伤口处理完毕，医生又交代赵老师需要注意的事项。

第六章　集体教育活动环节存在的安全隐患及对策

婷婷因受惊害怕一直哭，赵老师在为婷婷做心理疏导的同时，赶忙通知婷婷的家长。匆忙赶到医院的婷婷妈妈看到孩子脸上的伤口，既心疼又生气。赵老师向婷婷妈妈表示歉意，并讲述了事情发生的经过。婷婷妈妈听完，表示孩子出现这样的意外，家长也有责任，平时太娇惯孩子，欠缺文明礼仪方面的培养，使得孩子不懂得谦让，并表示今后一定加强这方面的教育。下午放学的时候，因自己闯了祸而手足无措的兰兰扑到妈妈的怀里大声哭起来。赵老师也向兰兰妈妈讲述了事情的经过，让兰兰妈妈给孩子做好心理疏导。

教师组织集体教育活动时，要预测可能会出现的安全隐患，教给孩子正确使用学习用具的方法，使孩子学会互助与分享，保障孩子的安全，促进孩子健康成长。

六、争位置不谦让，椅子挤伤小手

今天上午，黄老师组织孩子们进行科学探究实验。实验结束后，黄老师要求孩子们把椅子按照平时的方法摆放好，以便接下来老师安排其他活动。

平时椅子是摆放在活动室的四周的，俊俊和乐乐是好朋友，两人的椅子经常摆放在一起。两个人都属于活泼好动型的孩子，并且都很喜欢做游戏。俊俊做完科学探究实验后，坐在旁边等乐乐。这时壮壮也做完了实验，他便搬起椅子和俊俊坐在一起，可是俊俊不让他紧挨着自己坐，就用手推他的椅子。壮壮说是老师让他挨着俊俊坐的，但俊俊坚持不让。俊俊用力推壮壮的椅子，几次把壮壮的椅子推倒，导致壮壮直接摔倒在地上。两个人越推越激烈，在推搡过程中，壮壮的椅子和俊俊的椅子挤在了一起，两个人都在用劲，俊俊的手刚好夹在两把椅子中间，俊俊疼得哇哇大哭起来。

因为一部分孩子没有完成任务，黄老师一直在给他们做辅导，没有发现俊俊和壮壮相互推搡。等黄老师发现时，俊俊的小手已经红肿起来了，黄老师急忙带俊俊到幼儿园保健室做了应急处理，幸好并无大碍。

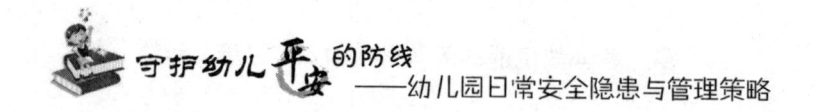

七、拉着椅子跑，小腿被撞骨折

今天，中班集体教育活动内容为"小帮手"，目的是让孩子们能够帮助家长和老师做一些力所能及的事情，体验劳动的快乐，培养热爱劳动的品质。

活动的最后一个环节是分组进行的，许老师组织第一组孩子剥豆荚，第二组孩子择青菜，第三组孩子往小厨房送剥好的豆、择好的青菜等，孩子们兴高采烈，积极性很高，气氛十分活跃。由于活动内容生动有趣，孩子们都很开心。其中有"穿项链"、剥豆、剥花生等要求精细动作的活动，而宇宇不太喜欢，许老师看透了他的心思，问："宇宇，今天的活动你想干什么？""我运菜吧！"宇宇说。许老师说："好！把食物送到小厨房，然后跑回来，如此来回，就是你的任务。"第三次运送时，调皮的宇宇把小盘子放到椅子上，拉住椅子去送菜，返回的时候，由于椅子上没有放盘子，没有了思想顾虑，他就拉着椅子跑起来。这时，豆豆站起身准备到盥洗室如厕，宇宇速度太快，来不及止步，和豆豆撞在了一起。宇宇拉着的椅子狠狠地撞在了豆豆的腿上，豆豆躺在地上，疼痛难忍，哭了起来。许老师急忙抱起豆豆跑到保健室。保健医生判断豆豆应该是骨头出了问题，随即建议带豆豆到专业的骨科医院进行诊治。经医院拍片观察，豆豆小腿骨折，医生建议打石膏板留院治疗。

由此可见，即使是看起来非常安全的活动，如果教师考虑不细致，措施不到位，也会出现意想不到的安全问题。

八、活动秩序混乱，安全危险显现

今天，章老师组织了美工活动"春天美丽的花"，目的是让孩子们大胆发挥想象，用纸笔呈现春天的五彩缤纷。章老师先通过课件展示春天里各种各样的花：梨花、桃花、樱花、迎春花、郁金香、牡丹等，由于课件制作精细，花朵色彩艳丽，配乐引人入胜，引起了孩子们极大的兴趣。章老师让大家积极地参与到活动中，并根据自己的兴趣、爱好分组进行。有的小组用各种各样的彩纸粘贴春天的花，有的小组

第六章　集体教育活动环节存在的安全隐患及对策

用各色的皱纹纸折叠小花，有的小组用颜料、彩笔画小花，孩子们参与的积极性很高，主动性很强，他们充分发挥自己的想象，依据自己的任务分工和老师分配的材料，乐此不疲地创作着。按照活动要求，结束的时候要让老师签名，以监督检查各小组的作品完成情况。活动快结束的时候，章老师拿起一次性水笔，为完成作品的孩子签名。孩子们意犹未尽，十分兴奋，章老师提醒了多次，孩子们还是没有安静下来。孩子们围在章老师周围等待签名，其中苗苗离章老师最近。

章老师根据孩子们排队的顺序依次签名。排在老师跟前的孩子都很守秩序，而排在后面的孩子叽叽喳喳地说着话，秩序混乱。由于急着下课，章老师也没有特别在意。章老师签名的时候，亮亮无意间推了苗苗一下，苗苗不由自主地扑向前面，碰到了章老师手里的签字笔，苗苗捂着眼睛哭了起来。章老师立即带苗苗去医院检查，经眼科医生诊断，笔扎到苗苗眼眶内侧，引起眼睛红肿，没有大碍，如果笔扎到眼球，后果将不堪设想。章老师安抚着受到惊吓的苗苗，心里十分后怕。

九、细节不注意，吸管扎伤嘴

今天，常老师组织了美工活动"吹画——大树"，目的是让孩子们感受颜色的变化，掌握吹画的技巧。常老师为孩子们准备了各种各样的颜料，放在透明的一次性塑料杯子里。活动时六个孩子一组围成一桌，每个孩子一张绘画纸、一盒彩笔、一根吸管，小组共用放在桌子中间的各种颜料。

首先，常老师通过课件向孩子们展示吹画的基本方法和技巧，告诉孩子们吸管的用法，告诫孩子们不要吸，以免将颜料吸入口中。接着，常老师引导孩子们观赏各式各样的树，有常青树、果树及落叶树等。然后，常老师示范用吸管吹出一棵大树。这个过程引起了孩子们极大的兴趣和探究欲。孩子们看完都迫不及待，跃跃欲试。

常老师让孩子们自己创作，看谁吹的画漂亮、干净，最后就在展示台展示。孩子们开始创作，大家都饶有兴致、充满好奇地探索

· 73 ·

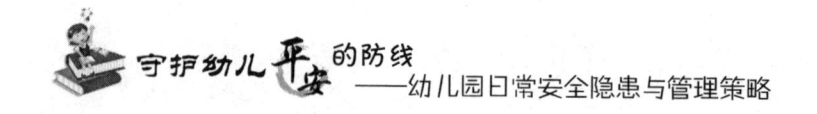

着吹画的方法。突然，传来了一阵哭声，常老师循声望去，发现萌萌的嘴里含着一根吸管，脸上的表情十分痛苦。常老师立即赶过去，发现萌萌的嘴被扎破了，担心吸管扎伤喉咙，常老师赶忙抱起萌萌到保健室，保健医生通过诊断发现，萌萌的嘴角被吸管扎破了，没有大碍，喉咙也没事。常老师问萌萌怎么会被吸管扎到，萌萌说，自己正在用吸管创作作品，旁边的雅雅动作太大，胳膊不小心碰到了自己嘴里含着的吸管，就被扎到了。

教师要预测活动中存在的安全隐患并及时采取相应的措施。用吸管吹画的活动，孩子们很喜欢，但是，在孩子们吹画的过程中，吸管的尖头容易扎伤孩子的嘴，教师要事先把吸管的尖头去掉，并且让孩子在活动中拉开距离，以免发生碰撞，造成意外。

应对策略

一、幼儿园应对策略

1. 制定《幼儿园集体教育活动环节安全管理制度》，让教师熟知集体教育活动中存在的安全隐患有哪些。

2. 采取多种形式加强对教师的安全培训，如"请进来""走出去"等，增强教师的安全防范意识，提高教师对安全隐患的管控能力。

3. 增强教师的责任心，促使教师用自己高尚的师德、精湛的业务技能，促进孩子全面发展。

4. 开展有关集体教育活动中存在的安全隐患的交流活动，促使教师分享自己的所想、所思及感悟。

5. 制定幼儿园集体教育活动安全操作规范，让教师有章可循，避免安全事故的发生。

二、教师应对策略

1. 根据本班的实际情况，制定集体教育活动常规要求，充分考虑集体教育活动中可能出现的安全问题。

2. 班级教师要密切合作，培养幼儿的常规习惯，在集体教育活动的各个时段，加强对幼儿的安全教育，培养幼儿的自我保护能力、安全应变技能、互帮互助的集体观念。

3. 教给幼儿正确使用学习工具的方法，并提醒其安全注意事项，避免安全事故的发生。

4. 在美工活动中，要选择儿童专用剪刀，剪刀不要太大太重，要适合幼儿抓握；剪刀的刀尖要呈圆形，握柄要由塑料制成，这样不会磨伤幼儿的手。教给幼儿正确使用剪刀的方法：告诉幼儿不能用手触摸剪刀的刀口部分；传递剪刀的时候，应该把剪刀合拢，握住合拢的刀尖，将剪刀柄对着他人；使用剪刀时，拇指穿过左边的把柄，食指、中指和无名指穿过右边的把柄，小指抵住把柄，刀尖朝自己的正前方，不能将剪刀拿在手上挥舞，不能将剪刀对着自己或他人；用完剪刀后，一定要刀尖朝下，插在剪刀盒上。

5. 要提高组织教育教学的能力，提前备好课，充分考虑活动中的安全隐患，做好应对的准备，学会处理突发事件。

6. 提醒幼儿集体教育活动中的安全注意事项，引导幼儿自觉遵守活动中的常规要求，学会自我保护。

7. 组织集体教育活动前，充分准备好场地、材料，密切关注活动中容易出现的安全隐患，避免安全事故的发生。

8. 教育幼儿养成良好的学习习惯，课堂上不随便离开座位，不和同伴打闹等，逐步形成良好的学习品质。

9. 教育幼儿学会谦让，学会分享，学会等待，学会用合作、协商的方式进行探究学习，能友好地和同伴共同使用学习工具，能自己有效解决与同伴之间发生的矛盾与冲突，与同伴共同学习、共同成长，懂得团结的力量、集体的力量是无穷的。

10. 给幼儿创建良好的活动环境，确保桌子、椅子、柜子等无安全隐患。特别是在集体教育活动中，教师要时时关注幼儿、安抚幼儿，注意保证幼儿的安全。

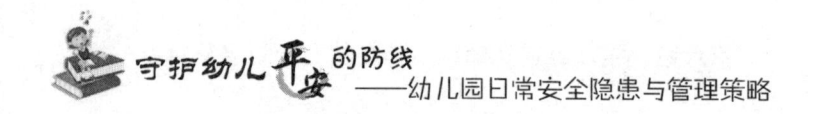

11. 因材施教，关注个体差异，不但要关注幼儿学习品质的培养，还要关注幼儿在集体活动中的动作、学习方式等的差异，引导幼儿快乐学习、快乐成长。

12. 提升自身良好的教育修养和指导活动的技能，对幼儿要有爱心、细心和耐心，尊重、理解和包容幼儿，尊重幼儿的个体差异，满足幼儿在集体教育活动中的不同需要。在活动过程中，当好幼儿的参谋和助手，科学正确地评价幼儿的行为，促进幼儿得到不同程度的提升。幼儿年龄小，解决问题的能力有限，与同伴产生不同观点时，常会产生冲突，这时，教师要及时介入，了解事由，用睿智的语言化解幼儿之间的矛盾，鼓励幼儿通过协商解决问题。

13. 在集体教育活动中，教师既要面向全体，也要关注个别幼儿，尊重幼儿的发展水平、已有经验、学习方式等，帮助幼儿获得认知与成功，让幼儿体验探究学习的快乐。在教育过程中，教师要真正成为幼儿学习活动的支持者、合作者、引导者和安全成长的保护者。

14. 要关注幼儿的心理健康，特别是对受到惊吓的幼儿，要及时进行安抚和引导，消除幼儿的心理障碍，让其正确认识并努力克服安全事故带来的伤害，促进幼儿快乐成长。

三、家长应对策略

1. 要高度重视幼儿自主学习、自主探究的良好习惯的培养，同时要加强对幼儿集体意识的培养，让幼儿懂得集体的力量、团结的力量的重要性。

2. 教给幼儿正确使用剪刀、铅笔等学习用具的方法，在家坚持实施，做到家园同步教育。

3. 坚持正面教育，及时纠正幼儿的不良学习习惯。

4. 加强对幼儿的文明礼仪教育，教育幼儿在集体教育活动中要学会合作、学会分享，与同伴共同使用学习文具和工具，不争不抢。

5. 认真学习家庭教育的知识与方法，运用正确的教育观念培养幼儿友爱、互助、感恩的良好品质。

第六章　集体教育活动环节存在的安全隐患及对策

6. 教育幼儿遵守学习活动中的规则和纪律，不打人，不乱跑，做错事要诚恳道歉，让幼儿分清是非，快乐成长。

7. 及时与教师沟通，了解幼儿的学习情况，实现集体教育活动环节中安全教育的持续性与同步性。

8. 对幼儿在幼儿园发生的安全事故，要做出积极、正确的回应，恰当地解决问题，为幼儿做出表率。

9. 做好幼儿的心理安抚工作，避免安全事故给幼儿造成心理障碍，影响幼儿的健康。

附一：

集体教育活动儿歌

（一）

小朋友们要知道，集体活动很重要。
寓教于乐设计巧，内容丰富真奇妙。
人人参与兴趣高，个个都是好宝宝。

（二）

集体活动不能少，安全第一要记牢。
老师话语听清楚，坚决服从要做到。
保证安全不打闹，优良习惯要养好。

附二：

幼儿园集体教育活动环节安全管理制度

集体教育活动环节是幼儿园一日活动中非常重要的一个环节，形式多样，内容丰富，既能锻炼幼儿的多种能力，又能使幼儿获得愉快的情感体验。集体教育活动一般场面较大，幼儿多且分散，不易控制，是安全事故易发、多发的环节。为此，特制定《幼儿园集体教育活动环节安全管理制度》。

一、教师要熟知和正确理解《幼儿园集体教育活动环节安全管理

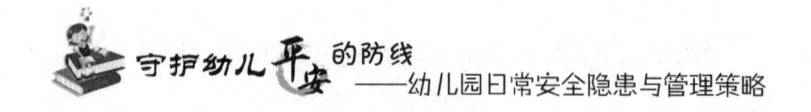

制度》常规要求，向幼儿和家长耐心宣讲。

二、幼儿园制定教师一日集体教育活动安全操作规范，让教师有章可循，避免安全事故的发生。

三、教师和家长要教育和提醒幼儿正确使用文具的方法和安全注意事项，不能将铅笔、彩笔等放在嘴里，以免发生扎伤嘴、舌头、咽喉等安全事故。

四、教师要教育幼儿正确使用美工活动中的小刀、剪刀、积木以及体积较大、质地较硬的工具，做到安全第一。

五、培养幼儿良好的学习品质，课堂上不随便离开座位，不和伙伴嬉戏打闹，保证集体教育活动安全有序进行。

六、教师在集体教育活动中要宣讲安全注意事项，要求幼儿自觉遵守集体活动中的常规要求，在集体教育活动中遇到突发事故时，要快速躲开、逃离。

七、幼儿园要对教师进行集体教育活动环节安全事故应急处理知识培训，让教师了解集体教育活动环节易出现的安全隐患，并掌握必要的应急处理技能和方法。

八、教师和家长要把《幼儿园集体教育活动环节安全管理制度》落实到位并严格执行。

第七章

区域活动 环节存在的安全隐患及对策

第七章 区域活动环节存在的安全隐患及对策

幼儿园区域活动已经成为我国幼儿教育课程的重要内容，旨在为幼儿提供丰富多彩且对幼儿成长具有重要意义的环境。区域活动是以幼儿的兴趣与需要为主要依据，根据幼儿园的教育目标，划分一些不同的区域（如美工区、积木区、表演区、科学区等），投放适宜的材料，引导幼儿在教师的指导下，在轻松愉快的学习环境中自主地运用材料进行创造性的活动，使幼儿在身体、情感、认知和社会性等方面获得全面发展的教育组织形式。区域活动相对自由，在幼儿自我学习、自我探索、自我发现的过程中，教师要对幼儿进行正确的引导和评价，这样才能促进幼儿智力、技能、个性、特长的良好发展。由于班级创设的区域较多，幼儿比较分散，教师在组织实施的过程中既要照顾全体幼儿，又要兼顾个体，本章梳理出了区域活动环节存在的一些安全隐患，通过具体案例，以事理结合的方法，重点加以阐述。

案例

一、豆子塞入鼻孔，造成安全隐患

牛牛在幼儿园午睡时总是入睡很慢。一天中午，别的孩子都已经睡着了，牛牛像往常一样，躺在床上翻来覆去。韩老师轻轻地拍拍牛牛，悄悄地问道："怎么不睡觉？"牛牛惊慌地看着韩老师，面部表情极不自然，带有明显的痛苦状。由于担心影响别的小朋友休息，韩老师给牛牛穿好衣服，把他带到活动室，对牛牛进行一番仔细的观察后，和蔼地问牛牛是不是有什么地方不舒服。牛牛用手不停地抠着鼻孔，紧张而又胆怯地看着韩老师，说话有点语无伦次。经过韩老师的安抚，牛牛终于道出了缘由。

原来在生活区活动时，牛牛出于好奇，趁老师不注意，抓了几颗红豆，随手装进口袋，午睡时间睡不着，就把红豆掏出来玩，还把一颗红豆塞到了鼻孔里，折腾了好一阵子也没把红豆抠出来，因动作比较大，被韩老师发现了。

韩老师赶紧把牛牛带到保健室，医生仔细检查后发现牛牛的鼻腔

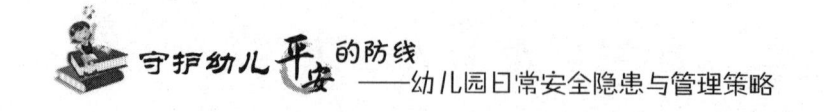

里的确有异物，且异物位置比较深，医生建议带其到医院五官科及时处理。

幼儿缺乏安全意识，不具备对安全隐患的预测能力，可能会将豆类、纸团、纽扣等小物品塞入鼻腔。一旦这些小物品进入鼻腔，幼儿自己取不出来，又不敢声张，如果家长和老师没有及早发现，便会对幼儿造成伤害，轻则引起感染、鼻腔红肿，重则导致幼儿窒息。

二、小圆球，大危险

幼儿园里，苑老师正组织小朋友开展区域活动。刚进入活动区域，涵涵就慌慌张张地跑到苑老师跟前，气喘吁吁地说："苑老师，小杰的嘴巴里有东西，可吓人了！"苑老师非常警觉，知道可能出了事，但她知道必须镇静，不能惊慌，如果处理不当，小朋友会因紧张而把嘴里的东西吞咽下去，后果难以预料。

苑老师假装若无其事地走到小杰面前，微笑着用商量的口气说："我看到小杰嘴里有好吃的东西，能不能让苑老师尝一尝？"小杰清楚地知道自己嘴里的东西既不卫生，也不能吃，感到有点胆怯，但又怕苑老师以为自己小气，便豪爽地把嘴里的东西吐到手上。苑老师靠近小杰笑着说："拿来让苑老师看看。"小杰把手里的小球递给苑老师，不好意思地低下了头。

苑老师接过小球，看安全隐患已排除，这才严肃地告诉小杰：将小球放入口中非常危险，如不小心卡到喉咙里，会危及生命；此外，把玩具小球含在嘴里也不卫生，小球一般是用塑料制成的，有的塑料甚至有一定的毒性，危害身体健康。听了苑老师的话，小杰认识到了错误，说自己以后再也不这样玩了。

为了避免其他小朋友出现类似情况，在区域活动最后的分享环节，苑老师把这件事情告知班里所有的孩子，并强调了将小物品放入口中的危险性。

虽然这次的"小圆球"事件只是虚惊一场，但是也给苑老师敲响了警钟——开展区域活动时千万不能大意，要密切关注孩子，不能放松安全方面的管理与教导。

三、遇事不懂谦让，引发安全事故

区域活动开始后，萌萌和莹莹几乎同时进入图书角。萌萌非常喜欢看绘本，她对这种图文并茂的故事书情有独钟、爱不释手，特别是《我的一家》让她百看不厌。

今天进入活动区后，萌萌的目光迅速锁定在《我的一家》，并很快从书架上取出准备坐下来慢慢欣赏。可是莹莹也想看这本书，只可惜比萌萌晚了一步，让萌萌抢了先。书只有一本，莹莹也不甘失去赏读的机会，她对萌萌说："这本书我昨天没看完，今天我要接着看。"但萌萌说："是我先拿到的，等我看完后你再接着看。"莹莹不同意，说无论如何自己要先看，萌萌抱着书不给，结果两人争抢的时候萌萌被抓伤，她委屈地哭起来。

刘老师听见哭声急忙跑过来，并把萌萌带出活动区耐心地询问原因。萌萌把小手伸出来让刘老师看，只见萌萌的小手上有血印。刘老师问莹莹为什么弄伤萌萌，莹莹说因为萌萌拿了她喜欢的书。刘老师说："要遵守规则，不争不抢，学会谦让，你做得对不对？"在刘老师的教导下，莹莹认识到自己做错了，低着头不吭声，"哇"地一声哭了起来。刘老师安抚好莹莹的情绪后说："知道自己做得不对，那么你应该跟萌萌怎么说？"而后，莹莹诚恳地向萌萌道了歉。

在区域活动中，幼儿有时会因争夺玩具、图书或意见不合、不懂谦让而引发争执，导致有的孩子受伤，教师要考虑活动过程中的安全隐患，教育孩子学会合作、学会分享、学会与同伴友好相处、互帮互助。

四、义具乱摆放，活动区不安全

幼儿园活动室设置的区域有美工区、图书区、数学区、科学区、建构区等，可以说，孩子的学习环境遍布活动室，教师若是安排不当，考虑不周，就会留下安全隐患。

今天，磊磊在数学区借助材料学习相邻数。他先从材料柜中认真

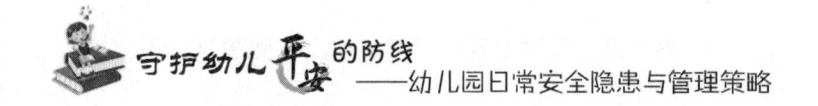

选取自己需要的材料,然后回到活动区专心致志地拼摆,并按照要求用铅笔填写作业。磊磊完成认识相邻数的作业后,准备把材料放回材料柜,可是刚走了两步,不小心踩到掉在地上的铅笔,磊磊脚下一滑,整个身子扑倒在地上,材料撒落一地。正在科学区辅导其他小朋友的杨老师听到声音后赶快跑过来,发现磊磊用小手捂着嘴,鲜血正从他的指缝中流出。

杨老师让另外一位老师辅导其他小朋友继续做作业,随后抱起磊磊赶往幼儿园保健室。保健医生检查后发现磊磊的一颗牙齿断了半截,自己处理不了,就和杨老师一起将磊磊送往医院诊治。经牙科医生诊断,磊磊的一颗门牙磕掉了半截,牙神经损坏,需要做进一步的处理。

在活动区,有多种多样的学习材料,幼儿在使用后如果不注意将物品有序地整理、收纳好,就可能引发安全隐患,教师需在此方面加强管理与引导。

五、好奇误吞玩具,危险无处不在

材料是区域活动教育的载体,幼儿通过与材料的互动获得智力和技能的发展。教师为了给幼儿创设丰富的互动环境,往往会投放大量材料,这些材料有自制的,有购买的,以满足幼儿发展的需要。

今天,航航准备在生活区活动,他喜欢生活区琳琅满目的材料,有色彩斑斓、大小不一的珠子,有缩小版的各种生活用品,还有仿真的各类糖果等。航航做的活动是按颜色给玩具分类,尹老师提供的材料是各色仿真糖豆,航航发现这些材料从颜色到大小几乎和家里买的糖豆一模一样,他竟然情不自禁地拿起两颗仿真糖豆放到嘴里。坐在旁边的贝贝看见了,急忙阻止他,拉他的手臂。航航正要回应的时候,不小心把仿真糖豆吞了下去。贝贝赶忙告诉了尹老师,尹老师看到航航因受到惊吓而不知所措,就问航航是否吞下了仿真糖豆,航航惊恐地点点头,同时眼泪顺着脸颊流了下来。尹老师立刻带航航到保健室,保健医生说虽然不是大问题,但建议将孩子送到专业医院做仔细检查。

第七章　区域活动环节存在的安全隐患及对策

医生诊断后指出，直径较小的仿真糖豆一般可在24～72小时内经消化道排出体外，不会引起病症，但如果是那些较大的或尖锐的物件则难以顺利地通过消化道排出体外，可能会引起消化道梗阻、出血或穿孔等问题。一些有毒的可溶性材质的玩具零件还会引起中毒，甚至危及幼儿生命。由于航航吞下的仿真糖豆较小，且只有两颗，可能随胃肠道的蠕动与粪便一起排出体外，医生提醒教师和家长注意孩子的排便情况。

通过这件事，尹老师汲取了深刻的教训，她专门制作了课件，让幼儿通过动画了解吞食玩具带来的危害，并且告诉幼儿应注意的事项及方法，以消除安全隐患。

六、争抢玩具，互不相让抓破小脸

今天，小班幼儿在"娃娃之家"活动区活动。大眼睛、穿着公主裙的漂亮娃娃十分讨女孩子的喜欢。

娇娇抱起一个穿着白色公主裙的漂亮娃娃，准备给她梳头、戴发卡。这时，悦悦也看上了这个娃娃。一开始，悦悦客气地向娇娇讨要，娇娇正玩得高兴，不舍得放手，就没答应。双方互不相让，悦悦上前去抢，娇娇将娃娃抱紧不放，情急之下，悦悦就用手抓了娇娇的脸，娇娇因惊吓和疼痛哭了起来。李老师听到哭声后连忙跑过来，看见娇娇的小脸上有血印，血印周围已经红肿，便立即带娇娇前往保健室进行处理。

事后，李老师严肃而耐心地教育悦悦不能与同伴争抢玩具，更不能动手伤人，悦悦知道自己犯了错，向娇娇道了歉。

小班幼儿自我管理能力差，缺乏积极有效的沟通技巧，处理问题直接、简单，不懂得与人协商，容易出现争抢、打人等不良行为，教师要加强引导，以避免安全事故的发生。

七、搭积木，看似安全有隐患

小班的聪聪、亮亮、卡卡一起进入建构区活动，王老师让他们自己选择活动主题，三个孩子商量之后，选择的活动主题是搭大桥。

他们计划搭一座拱桥，三个孩子经过协商后分工合作，把搭桥需要用的材料找了出来，并堆放在旁边。聪聪动作快，按照分工要求很快便找来大块的木质材料搭建好桥身，亮亮搬积木，卡卡搭建桥墩。眼看就要搭建成功了，这时亮亮将一块红色的半圆形积木放到桥面上，由于没有考虑桥身的承压能力和桥墩的稳定情况，瞬间桥倾斜倒下，前功尽弃。

亮亮知道由于自己的莽撞而毁坏了大家的劳动成果，吓得不敢吭声，赶忙收拾场地，准备重新搭建。聪聪看到后非常生气，认为亮亮是故意破坏的，正在气头上的聪聪忘了自己的手里还拿着木质积木，没多思考扬起手就去打亮亮，积木狠狠地打到了亮亮的脸上，亮亮捂住脸，委屈地哭了起来。哭声惊动了王老师，王老师急忙跑过来，发现亮亮的脸被积木划破了皮，血流了出来，便连忙抱起亮亮去保健室处理伤口，幸好并无大碍。

事后，王老师批评教育了聪聪，聪聪知道自己犯了错，诚恳地向亮亮道了歉。

八、烘焙活动热情高，安全措施要到位

为了让幼儿积累生活经验，体验劳动的快乐，幼儿园特意开设烘焙活动并添置了功能完备的烘焙工具。由于可以自己动手制作，孩子们非常喜欢参与这样的活动。

星期二上午，大班的孩子进入幼儿园的烘焙坊进行体验活动。这次活动的主要内容是让孩子们学习如何烘焙蛋糕，了解蛋糕的整个制作过程。首先，刘老师让孩子们观看课件，了解制作蛋糕的详细步骤；然后，刘老师根据制作蛋糕的顺序和步骤进行现场讲解，让孩子们有初步的认识。

讲解完毕，孩子们准备制作蛋糕。根据活动要求，刘老师把班上的孩子分成几个小组，要求每个小组在活动结束时都要交上自己亲手制作的蛋糕。

孩子们兴趣浓厚，积极性很高，个个摩拳擦掌，跃跃欲试。刘老师把准备好的专业用具及面粉、鸡蛋、牛奶等食材分给各个小组。在刘老师的讲解和指导下，孩子们热情高涨地投入蛋糕的制作活动中。现场气氛热烈，孩子们叽叽喳喳讨论不停，他们打蛋的打蛋，配料的配料，准备工具的准备工具……忙得不亦乐乎。刘老师不断提醒孩子们，在制作过程中一定要注意安全。烘焙坊洋溢着欢声笑语，孩子们开心地制作着美味的蛋糕。

有的孩子在家里见过爸爸妈妈制作蛋糕的过程，特别是一些小女孩，心灵手巧，揉捏面团等动作像模像样。制作完成以后，孩子们把蛋糕放在烤盘中进行烘烤。烘焙坊里渐渐散发出的香味，不仅勾起了孩子们的食欲，也激起了孩子们对烤箱中蛋糕的想象。

激动人心的时刻终于到了，烤盘被取出的一刹那，样式各异、热气腾腾、散发着浓郁香味的蛋糕展现在孩子们面前。刘老师把蛋糕分给孩子们，孩子们开心地品尝着自己的劳动成果。

正当大家沉浸在品尝自己亲手制作蛋糕的喜悦之中时，意外发生了。强强由于靠烤箱太近，无意间小手碰到了高温未退的烤盘，他惊恐地喊了一声，引起了大家的警觉，刘老师急忙过去，发现强强的小手已经被烫出了水泡。交代王老师照看好孩子之后，她立即抱起强强向保健室奔去，保健医生对强强烫伤的部位进行了处理。

在烘焙活动中，孩子们情绪激昂，表现活跃，走动频繁，教师一定要注意孩子们的安全，不能忽视活动过程中的任何一个细节，以免发生危险。

九、预案虽详尽，看似安全仍有隐患

随着年龄的增长，大班的孩子动手能力不断增强，喜欢做一些手工活动。幼儿园为了培养孩子的动手能力，促进孩子想象力和创造力的发展，依据孩子的年龄特点和教学实际，专门创设了木工坊活动室。

根据幼儿园的教学安排，下午，大班孩子在张老师的带领下兴高采烈地进入了木工坊活动室。因为接触的是木材，张老师先向孩子们介绍了木材的相关知识，还叮嘱孩子们：湿木头能导电，因此在日常

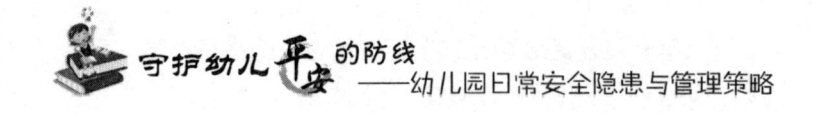

生活中一定要记得不能用湿木头与电源或裸露的导线等接触，否则会危及生命安全等。讲完后，张老师又结合课件对工具的使用做了说明。最后，张老师重点讲解了使用工具的注意事项：（1）不能将钉子含在嘴里；（2）不能随便乱放钉子；（3）使用锤子的方法要正确；（4）用起子拔钉子时，注意力度，不要让钉子飞起来；（5）要根据木片的厚薄选择长短不同的钉子。

张老师按照活动要求，让孩子们根据自己的需要选取木材，同时挑选合适的工具，包括钉子、胶带、锤子、螺丝刀等。东东很想制作一件自己喜欢的木质作品，他挑选了一些木材摆在地板上，开始展开自己的想象进行制作。看起来简单的工具拿在手里却力不从心，结果东东用锤子钉钉子的时候，不小心砸在了自己的手上，疼得扔掉锤子，捂住小手哭了起来。张老师赶忙走过去，发现东东的小手被锤子砸得通红，急忙带他到保健室。保健医生检查之后，说没有什么大碍，张老师这才放了心。刚带东东从保健室回到班上，强强也遭遇了和东东一样的事情。在这次木工坊的活动中，班上先后有三个孩子不同程度地被工具砸到了手，虽都无大碍，但张老师心里还是十分紧张。作为新课的尝试，虽然张老师在开展活动前制订了详细的预案，但还是出现了安全问题。

活动结束后，张老师及时进行了总结，为后续幼儿园其他教师开展教学活动提供了有益的参考。在教研会上，张老师和大家共同探讨规避安全隐患的措施，为下次组织手工活动积累经验，以便在以后此类教学实践活动中制订出更详细的预案，确保孩子们的安全。

应对策略

一、幼儿园应对策略

1. 制定幼儿园区域活动安全操作常规，让教师知道区域活动的操作流程及方法，避免安全事故的发生。

2. 促进教师的专业化成长，提高教师指导区域活动的技能和预测区域活动中安全隐患的能力。组织教师培训、区域观摩评比、专题研讨、实践探究等活动，为教师搭建交流、分享、学习的平台，开阔教师的视野，提升教师的区域活动设计与实施能力、对安全隐患的预测能力，以促进区域活动安全、有效开展。

3. 召开家长会，告知家长培养幼儿良好的学习品质和文明行为习惯的重要性，引导家长运用科学的教育理念、正确的教育方法，培养幼儿善学、博爱、互助的优秀品质，促进幼儿愉快、健康地成长。

4. 根据幼儿园设施及玩具的配备标准，为区域活动配置适宜的桌椅、玩具柜等物品。配备玩具时，要仔细查看玩具使用说明是否规范和齐全，挑选三证齐全的玩具，同时要看主要材质或成分、执行标准代号、适用年龄范围和安全警示等。玩具内部填充物应手感柔软、富有弹性、安全无异味；玩具外部应无毛边、手感光滑；玩具上的小零件，如眼睛、鼻子、嘴巴和小铃铛等饰物应结实、牢固，在幼儿玩耍过程中不易脱落。

5. 做好区域活动空间及玩具、材料的消毒工作，保证幼儿的安全。

6. 通过多样化的教育形式，对幼儿及家长进行安全知识教育，增强幼儿的自我保护意识，提高幼儿的自我管控能力，防止意外事故发生。

二、教师应对策略

1. 根据班级的具体情况和空间的大小，科学合理地设置区域，做到分布均匀、结构合理，将安静和喧闹的区域分开，同时注意排除安全隐患。

2. 教师作为区域活动的实践者、开发者和研究者，要提升自身的行动研究能力，在区域活动实践过程中不仅要发展自身的专业技能，也要培养幼儿的自我保护技能和自我防控能力。

3. 在区域活动中，要依据教育目标、幼儿的年龄特点和发展水平投放材料，注意所投放材料的安全性、层次性、可操作性、探索性和

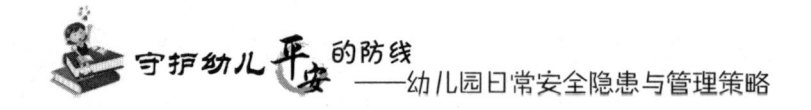

多功能性，通过师生互动、幼儿与材料的互动，实现教育目标，培养幼儿的兴趣，开发幼儿的智力，发展幼儿的动手能力、思维能力及创造能力，为幼儿小学阶段的学习和终身发展打下良好的基础。

4. 创设区域活动的环境时，要注意营造适宜的精神环境。精神环境是指教师为幼儿活动区创设的心理氛围，包括教师指导区域活动的态度及对区域活动创设的认知环境。温馨和谐的精神环境是幼儿区域活动的重要保障。在区域活动中，教师对待幼儿要和蔼可亲、耐心细致，既教授幼儿知识技能，又教会幼儿玩；要努力营造民主、宽松、和谐的活动氛围；在幼儿操作探究的过程中，做幼儿活动的合作者、支持者、引导者；采取灵活多样的方法，如引导、启发、商量、讨论、共享等，让幼儿在愉悦的心理氛围中自由想象、大胆探索、自主探究、快乐学习，促进幼儿安全、健康地成长。

5. 投放区域活动材料时，要遵循适宜性和发展性原则。适宜性即投放的材料符合幼儿的年龄特点、学习特点以及活动的目标、内容等，材料既不能过于简单、稀少，又不能一味追求数量多、品种多，同时还要考虑投放材料的多样性、层次性、发展性、创造性。活动区域材料要有层次、渐进地投放，以不断促进幼儿认知水平的发展，激发幼儿对周围事物的兴趣与探索欲望，提升幼儿的各种能力。

6. 投放的材料必须是安全的。首先，选用的材料应符合卫生标准的要求，易于清洗和消毒，不易污染，不含毒性；其次，选用的材料要符合操作安全要求，对幼儿的身心发展有益，要把安全放在第一位。要经常用湿拖把拖地板，用湿抹布擦桌面和窗台，定期消毒，保持幼儿活动区域的清洁卫生。

7. 注重培养幼儿良好的卫生习惯，日常生活中教育幼儿勤洗手、勤剪指甲，玩玩具、绘画、阅读等活动后要洗手。

8. 制定班级常规，促使幼儿了解并努力去维护规则。培养幼儿区域活动的常规习惯，教育幼儿进入区域后要遵守规则，排队有序地进行活动。对于幼儿之间的争执，教师要及时介入，心平气和地进行说服教育，公正合理地化解幼儿之间的矛盾。由于幼儿年龄小，思维和行为活动带有明显的随意性，自控能力较差，且缺乏生活经验，还未学会与同伴协商和友好相处，教师要处理好幼儿之间的矛盾，避免安全事故的发生。

9. 加强幼儿的文明礼仪教育。区域活动中需要幼儿之间合作、互助、分享等，教师要教会幼儿使用礼貌用语，如"请""对不起""没关系""麻烦您"等，这样会降低幼儿之间发生冲突的可能性。

10. 在区域活动中，应教给幼儿与同伴交往和合作的技能，使幼儿能够和同伴友好交往，这对幼儿的身心发展与健康成长十分重要。

11. 应经常与家长沟通，及时了解幼儿的性格特点及成长情况，以便遇到问题时能迅速而有效地采取适当的措施，解决幼儿之间可能发生的矛盾。

12. 要处理好幼儿发生安全事故后的工作，应详细告知家长幼儿发生安全事故的具体原因，主动承担责任，并向家长道歉，让家长感受到自己的歉意和善意，用自己的爱心和真诚来换取他人的谅解。更要做好安抚受伤害幼儿的工作，帮助幼儿克服因安全事故形成的心理障碍，让幼儿勇敢面对、健康成长。

13. 应事先对区域活动中的安全隐患有充分的估计，让幼儿有意识地控制、保护自己，同时避免伤害到别人。对安全工作要时刻提高警惕，不能掉以轻心，要让幼儿时刻在自己的视线范围之内。利用主题教育活动，加强对幼儿的安全教育，告诫幼儿不能将文具、教具等塞进嘴、耳朵、鼻孔等部位，以免发生安全事故。

14. 要引导幼儿正确面对区域活动过程中的成功与失败，要能共享成功的喜悦，吸取失败的教训；在合作过程中，学会原谅与接纳小伙伴的失误。要引导幼儿用正确的方式与他人相处并及时化解幼儿之间的矛盾与冲突，严防出现突发安全事故。

三、家长应对策略

1. 应配合幼儿园做好安全防护工作，让幼儿遵守区域活动中的常规要求，防止意外事故的发生。

2. 要做好安全教育工作，教育幼儿不做危险的事情。

3. 加强幼儿的文明礼仪教育，教育幼儿学会分享、学会谦让、学会合作等，让幼儿健康成长。

4. 理性面对幼儿发生的安全事故，做到理解、包容，要安抚幼儿，让幼儿健康成长。

5. 教育幼儿从小懂得集体的力量、团结的力量是无穷的，培养幼儿关心集体、热爱集体的思想品质。

附：

幼儿园区域活动环节安全管理制度

幼儿园区域活动是对幼儿进行智力开发、技能提升、兴趣培养的具有专业性的区域教学活动。由于班级创设的区域较多，幼儿活动人数多且比较分散，幼儿年龄小，活泼好动，对新事物充满好奇，自我管控能力较弱，在区域活动环节易出现安全事故。为此，特制定《幼儿园区域活动环节安全管理制度》。

一、教师要熟知并掌握《幼儿园区域活动环节安全管理制度》的要求，向幼儿和家长宣讲教育，防范安全事故的发生。

二、幼儿园制定幼儿园区域活动安全操作常规，让教师明确区域活动的操作流程，避免发生安全事故。

三、教育幼儿在教师设置的专属区域内活动，不乱跑、乱窜，不与同伴争抢教师投放的教具、材料。

四、在区域活动开展之前，教师应对存在的安全隐患有充分的估计，并教育幼儿要有意识地管控自己。教师要对安全工作高度警惕，让幼儿在自己的视线范围内活动，确保幼儿的安全。

五、教师教育幼儿在区域活动过程中要遵守纪律，若与同伴发生矛盾，要以友好的方式进行协商、讨论、交流，要懂得包容、谦让，

第七章 区域活动环节存在的安全隐患及对策

不争吵，不采取过激行动。

六、幼儿园要对教师进行区域活动环节突发安全事故应急处理知识培训，使教师掌握必要的应急处理技能和方法。

七、教师要把《幼儿园区域活动环节安全管理制度》落实到位并严格执行。

第八章

户外自由活动环节存在的安全隐患及对策

第八章　户外自由活动环节存在的安全隐患及对策

户外自由活动是幼儿非常喜欢的活动形式，是幼儿园户外活动的重要组织形式，旨在根据幼儿园的教育目标，从培养幼儿的兴趣、爱好、能力着手，以促进幼儿增长知识、开阔视野为出发点，给幼儿提供更多开发智力、培养技能、自由活动的机会。

《幼儿园教育指导纲要（试行）》指出要"开展丰富多彩的户外游戏和体育活动，培养幼儿参加体育活动的兴趣和习惯，增强体质，提高对环境的适应能力"。所以，教师每天组织幼儿开展户外活动，有助于贯彻实施对幼儿的健康教育。但教师有时对安全认识不足，未能检查出场所及设施等存在的安全隐患，甚至对幼儿实行"放羊式"管理，缺乏对户外自由活动的周密组织与安排；另外，幼儿的心理发展还不成熟，活泼好动，好奇心强，缺乏对安全隐患的预测能力、管控能力，易造成安全事故。本章内容结合具体案例，阐述幼儿户外自由活动环节中存在的安全隐患及相关的应对策略。

案例

一、上下楼梯，隐藏安全隐患

萌萌和飞飞是幼儿园大班的同班小朋友，由于教室在二楼，所有室外活动都要下楼。课间操时间到了，王老师带领幼儿到教室外做操，王老师多次提醒小朋友，排队下楼梯时，一定要按照顺序，靠右边走，不拥挤，不打闹，一定要听老师口令，注意安全。

下楼梯时，萌萌和飞飞均排在队伍末尾，趁队伍行走拉开距离时，二人悄悄在后面嬉闹。班级人数较多，王老师在前面领队，楼梯中间有拐弯，老师存在一定的视线盲区。萌萌提议背飞飞下楼，因二人平时关系很好，飞飞欣然允诺。王老师并不知晓两人的行动。萌萌背着飞飞刚走了几步，因重心失衡摔倒在地，飞飞疼痛难忍，放声大哭起来。事故发生后，王老师及时将飞飞送到医院治疗，经诊断为左股骨骨折，两个月后飞飞才痊愈。

从这件事情可以看出，看似走楼梯这样非常平常的小事，也可能导

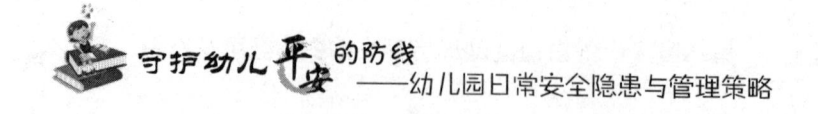

致严重后果，造成意想不到的安全事故，这需要引起教师的高度重视。

二、滑梯速度难控制，稍有不慎伤身体

梁老师组织大班的幼儿去玩具场自由活动，玩具场是孩子们最乐意去的地方，那里集中布置着滑梯、小桥等设施，孩子们常常玩得流连忘返。

在玩具场，男孩子往往喜欢玩滑滑梯，女孩子往往喜欢玩荡船和秋千。梁老师一直在玩具场巡视，多年的教学经验告诉她，这是需要重点关注的一个环节。她不停地提醒孩子注意安全，并不时劝说距离荡船近的孩子注意避让，提醒荡船上的孩子注意周围情况，以免碰到别的孩子。这时，闹闹跑过来拉住梁老师的手急切地说："梁老师，不好了，峰峰在滑梯下面哭呢。"梁老师听罢，赶忙向滑梯区跑去，发现了躺在滑梯口下面哭泣的峰峰。峰峰看到老师过来了，想站起来向老师汇报情况，但自己的腿已不听使唤，几次努力都没能站起来。

梁老师急忙呼唤在玩具场边的保健医生。为避免孩子受到二次伤害，在不清楚孩子伤情的情况下，保健医生让峰峰平躺在地上，并询问摔倒的情况以判断受伤部位。了解大致情况后，保健医生迅速拨打急救电话，及时将峰峰送往医院。

经了解，峰峰在滑梯下落过程中，因没有很好地掌握平衡，下滑冲力过猛，导致自己失控，头部直接触地，造成脖子扭伤，医生诊治后建议峰峰住院治疗。

三、滑滑梯时要仔细，防止衣帽绳子缠脖子

在户外自由活动环节，李老师把小朋友们带进玩具场，让小朋友们玩自己喜欢的玩具，玩具场上洋溢着欢声笑语。

松松和范范先玩了一会儿转椅，接着去玩滑梯。在滑梯高台上，胆大的松松先行滑了下去，范范也跟在松松后面滑了下去，但他衣服帽子上的绳子钩在了滑梯的螺丝帽上，由于帽子上的绳子较长，范范失去平衡后，被绳子缠绕住了脖子，挂在了滑梯的中间，既上不去，又下不来。

第八章 户外自由活动环节存在的安全隐患及对策

松松滑下去之后，站起来等范范，好一会儿不见踪影。松松钻进滑梯一看，发现了挂在半空中的范范，看范范在滑梯上痛苦地挣扎，便急忙喊李老师。李老师闻讯后急忙赶来，攀上滑梯，将范范解救了出来。由于被帽子上的绳子勒住了脖子，导致范范脑部轻度缺氧而昏迷，李老师急忙把他抱到保健室，保健医生及时采取急救措施。过了一会儿，范范睁开了眼，看到自己躺在李老师的怀里，因害怕"哇"的一声哭了起来。

范范受到了惊吓，李老师及时给他做了心理疏导，使他的情绪慢慢稳定下来。下午放学的时候，李老师提醒前来接孩子的范范妈妈：今后给孩子穿衣服，一定要注意安全因素，以免出现危险。

四、荡秋千隐患大，安全存忧真可怕

户外自由活动时间到了，孩子们像小蜜蜂似的奔赴玩具场，并四散开来奔向各自心仪的玩具，快乐地玩起来。每次在玩具场活动，老师都会对安全隐患较大的几项活动提出重点警示，但孩子们一玩起来就容易将这些忘得一干二净。一天，个子高、力气大的俊俊正将坐在秋千上的洋洋越推越高，这时追逐打闹的丁丁和豪豪刚好经过这里，丁丁被秋千碰倒在地，洋洋也从秋千上摔了下来。丁丁双腿跪地，站不起来，随即大哭起来。夏老师立即赶过来，抱起丁丁，又扶起洋洋。洋洋的小脸被磕伤了，血往外渗，保育员靳老师抱起洋洋去保健室医治，丁丁则被夏老师送往医院诊治。医生初步诊断后要求丁丁拍X光片做进一步的诊断，X光片出来后医生诊断为腿骨骨折，必须打上石膏。

丁丁的家人接到通知后赶到医院，看到孩子打着石膏板，心疼得哭起来。等家长情绪稳定后，夏老师把事情发生的详细经过告知了家长。

尽管老师做了重点警示，但一些突发事故仍让人防不胜防，因此必须在实际工作中考虑细致，尽最大努力避免安全事故的发生。在安全隐患比较大的玩具上加装二次防护，是一种有效的防护手段。

五、攀登架，措施不力隐患大

户外自由活动环节，尹老师带领中班的孩子们到玩具场活动。活

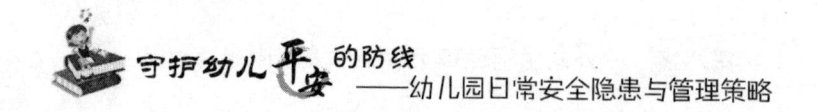

动之前，尹老师先对小朋友们讲了相关的安全要求及注意事项。尹老师话音刚落，小朋友们就各自散开，直奔玩具场去玩了。

活泼大胆的小石头爱玩滑滑梯、荡秋千、走吊桥等，还喜欢攀高。此时，小石头已经麻利地上了攀登架，正一步一步地往上爬。爬到顶端，他双腿骑在攀登架上面，得意地让小伙伴星星也爬上来。由于双手忙着向小伙伴挥舞，没有抓牢攀登架，小石头失去平衡从攀登架上摔了下来。由于事发突然，小石头因感到疼痛和受到惊吓而大哭起来。尹老师听见小石头的哭声，立即跑过来，发现小石头的手臂上有血迹，小脸上也有几道血印，就迅速抱着他去保健室。经过保健医生细致地观察，诊断小石头只是受了点皮外伤，没有大碍，尹老师这才松了一口气。

六、玩具场禁止打闹，安全防范最重要

户外自由活动环节，黄老师把小朋友们带到玩具场，让小朋友们自由活动。活泼好动的明明爬到了大型玩具最高处的瞭望台。由于老师一再强调瞭望台那么高的地方太危险，大多数小朋友不敢爬上去，所以明明趴在高处很是骄傲。他在瞭望台上看见了几片金色的树叶，就喊站在下面的其他小朋友，告诉他们上面有更好玩的。

受到好奇心的驱使，几个孩子便忘记了老师的警告，都跃跃欲试。在明明的怂恿下，几个孩子克服心中的胆怯，爬上了瞭望台。瞭望台本身面积就小，上来几个孩子之后，显得很拥挤。忽然，意外发生了。聪聪把靠近护栏的明明挤到了与瞭望台相连的滑梯圆筒里，明明狠狠地摔了下去。明明疼得大哭起来。站在上面的孩子大声喊起来："明明摔下去了！明明摔下去了！"

黄老师听到喊叫声连忙赶来，在圆筒下部的出口处找到了身体蜷曲的明明。黄老师耐心地稳住他的情绪，又小心地把明明抱了出来，因伤情不明，暂且让明明平躺在地上。黄老师随即拨通保健室的电话，闻讯赶来的保健医生初步诊断后，怀疑孩子可能右臂骨折，随即和黄老师一起将明明送到医院。经骨科医生拍片后诊断，明明的确为右臂

第八章 户外自由活动环节存在的安全隐患及对策

骨折，需住院治疗。

七、玩具场捉迷藏，安全隐患需防范

户外自由活动环节，曹老师领着孩子们进入玩具场。因玩具场同时有多个班级的孩子，曹老师格外小心，对幼儿提出的安全警示也比平时更严格。

活动开始后，女孩子有的钻到木制小屋玩，有的在滑梯的圆筒下面玩捉迷藏；男孩子有的玩荡船，有的走吊桥。曹老师警惕的目光一直盯在玩具场。

琪琪、呜呜、赫赫等小朋友在大型组合玩具上玩捉迷藏，这种游戏最大的安全隐患就在于孩子们一心想要藏隐蔽以免被对方找到，而忽视了要"藏"得安全。几个孩子正在"找"与"藏"上比拼智慧，意外发生了。琪琪在玩具场上四处寻赫赫，却怎么也找不到，眼看就到了活动结束时间，还是不见赫赫的踪影，琪琪因担心急忙向曹老师报告。根据琪琪所说的大概方位，曹老师终于在滑梯的圆筒里找到了蜷曲成一团、表情痛苦的赫赫。

原来捉迷藏开始后，为了自己不被找到，赫赫竟然爬到了滑梯上面的平台上躲了起来，活动时间就要结束了，琪琪还是没有发现赫赫。赫赫为了向琪琪展示自己的高超水平，在喊叫了一声"琪琪"之后，迅速躲进滑梯的圆筒里，由于没有及时抓牢扶手，整个人直接摔了下来。

曹老师和保健医生一起把赫赫送到医院，经医生拍片后诊断，赫赫左腿小腿骨折，需住院治疗。

在玩具场开展活动，是促进幼儿大脑发育的一种积极有效的手段，但玩具场上的安全隐患比较多。教师既要让孩子玩得开心、有收获，还要想方设法排除安全隐患，保证幼儿的安全。

八、小沙子大隐患，教师要重点防范

很多孩子都喜欢在沙池里无拘无束、自由自在地玩沙，喜欢用沙子做各种游戏，感到乐趣无穷。沙池看似安全，却隐藏着很多不安全因素。

路老师带着小班的孩子们在沙池里活动。路老师首先对孩子们讲了玩沙的方法及注意事项，随后让孩子们自由活动。为了保证安全，责任心极强的路老师还特意要求孩子们在沙池里玩耍的时候要相互监督，以免出现意外。

孩子们玩着笑着，有的用沙子堆小山，有的用铲子挖小坑……这时忽然传来园园的哭声，路老师连忙走到园园的身旁，发现园园用小手捂住自己的眼睛，不肯松开。路老师急忙请孙老师看管好其他的孩子，自己迅速抱起园园向保健室跑去。保健医生小心仔细地为园园的眼睛进行了冲洗，好在没有更严重的后果产生。

原来，飞飞在用铲子铲沙的时候，因用力过大，沙子从他的铲子中飞了出去，刚好溅到园园的眼睛里。

九、过吊桥失平衡，小脸划伤真心疼

幼儿园活动区有四座吊桥，深受胆大、喜欢冒险的男孩子的喜爱。

今天，大班的孩子们兴高采烈地来到玩具场，可可、铭铭、宁宁等六个孩子来到吊桥上，此时可可突然想了一出恶作剧。

几个孩子按顺序一个一个排着队过吊桥，几个人走到吊桥的中间时，可可突然用双手抓着两边的扶绳来回晃动起来。由于事发突然，没有任何思想准备的铭铭和宁宁在大幅度的晃动之下，因没有抓紧扶绳，摔倒在防护网里，由于两个人距离较近，头部撞在了一起，铭铭的头部瞬间起了一个大包，疼得大哭起来。其他几个孩子也都摔倒在防护网里，但幸好彼此没有碰撞，也没有受伤。没受伤的孩子立即报告谢老师，谢老师抱着铭铭到保健室做了处理。

谢老师负责任地及时将此事报告给了园长，园长立即召开全园教师会，在会上园长要求大家必须引以为戒，增强安全意识，重视孩子的安全问题，加强安全教育与看管，以避免安全事故的发生。

十、不排队，秩序乱，孩子打斗需防范

幼儿园新购置了一座"蘑菇房"，红顶、灰墙、黄门，在玩具场上

第八章　户外自由活动环节存在的安全隐患及对策

非常醒目，尤其受女孩子们的欢迎。

只要是户外自由活动时间，女孩子们就会纷纷涌入蘑菇房。为了防止雨季进水，蘑菇房所在地势较高，孩子们必须登上三个台阶才能进入。由于是新添置的玩具，每天都有小朋友排队进入，热闹非凡。蘑菇房设计得也很巧妙，可能当初考虑到幼儿园小朋友多，前后各有一个门，可从前门进，后门出，但屋里只能同时容纳四个孩子。

今天，按照幼儿园的活动安排，轮到小班的孩子参观蘑菇房，排队准备去蘑菇房的孩子们叽叽喳喳，开心极了。巧巧和思思是好朋友，正在排队准备进入蘑菇房，但前面还有三名小朋友，巧巧等不及了，就拉着思思往前挤。排在前面的萌萌义正词严地对巧巧说："不许你们插队。"巧巧不服气，就推萌萌，萌萌拉住巧巧的手就是不松开，就这样两人发生争执，导致萌萌受伤，疼得哭起来。

张老师听到哭声后迅速赶过来，看到萌萌的小手上有血渗了出来。张老师害怕萌萌受到惊吓，一边安慰她，一边将她送到保健室请保健医生处理伤口。事后，张老师对巧巧进行了批评教育，巧巧向萌萌道了歉。

幼儿由于年龄小，心理比较脆弱，很容易有过激反应。遇到这种情况时，教师要及时纠正、制止，但不能大声呵斥，否则幼儿会因受到惊吓而出现心理障碍。教师需要进行引导教育，培养幼儿良好的交往行为。

应对策略

一、幼儿园应对策略

1. 制定幼儿园户外自由活动常规，让教师熟知，让幼儿遵守，杜绝安全事故的发生。

2. 制定科学、合理的幼儿园户外自由活动操作流程，让教师按规范操作，提升教师在指导幼儿进行户外自由活动的过程中预测安全隐患的能力。

3. 加强教师的安全培训，让教师了解户外自由活动时的安全知识，提高安全防范能力，并掌握简单的急救措施。

4. 加强对幼儿户外自由活动环节的监管督查，细致巡视，了解幼儿玩耍的情况，严防因教师疏忽管理，而发生幼儿意外伤害事故。

5. 召开家长会，寻求家长的密切配合，共同教育孩子在玩耍过程中注意安全，遵守常规，促进幼儿健康成长。

6. 定期检修大型玩具，一旦发现异常情况，及时上报并进行维修或更换，以保证幼儿安全。

7. 在楼梯、滑梯等容易出现拥挤、摔倒的地方，要以孩子能够理解的方式设立安全提示标志，以便时刻提醒、引导幼儿采取安全的活动方式并采取有效的安全防范措施，从细节、小处防范安全事故的发生。

8. 定期或不定期地举行上下楼梯安全演练活动，在上下楼梯的规则示范演练活动中，教育幼儿上下楼梯时有序靠右行走，遵守规则，在楼梯上不能拥挤、奔跑，以免发生危险。通过上下楼梯安全演练活动，让幼儿掌握相关的安全知识和技能，提高幼儿的自护自救能力。

二、教师应对策略

1. 加强幼儿的常规养成教育，教育幼儿进行户外自由活动时要有序排队，小朋友之间友好相处，不拥挤，不争抢，讲文明。

2. 教给幼儿玩大型玩具的正确方法及注意事项。如滑滑梯，要排好队依次进行，等一名小朋友滑下去以后，另一名小朋友才能开始滑，不能一个接一个地往下滑，以免挤伤；一定要脚朝下滑，不允许头朝下滑，或者肚皮朝下趴着滑下去。从滑梯上滑下来后，应当立即起身，离开滑梯，给后面要滑下来的小朋友让出空间。

3. 通过家长会或校信通告知家长，要给幼儿穿戴适宜的服装，不要穿带绳子的服装。

4. 在户外自由活动中，要关注每个细节，重视对幼儿安全上的保

第八章　户外自由活动环节存在的安全隐患及对策

护，避免发生安全事故。

5. 在容易发生危险的地方设立警示标志，让幼儿知道哪些行为可以做，哪些行为不可以做。

6. 幼儿生活经验欠缺，智力发育不完全，对危险的识别能力和自控能力较差。要让幼儿认识到在玩大型玩具时如果行为不当，容易发生安全事故。

7. 组织丰富多彩的安全主题活动，培养幼儿的自我保护能力。结合教学活动，渗透安全教育，促使幼儿掌握各方面的安全知识，提高自我保护能力。例如，组织幼儿开展认识安全标志的教育活动，让幼儿理解各种安全标志的含义，并养成时刻留意自己身边的安全标志的好习惯。

8. 当幼儿在幼儿园发生意外时，要及时处理，并与家长联系。

9. 在安全教育活动中，可通过制作课件，从幼儿的生活经验出发，组织幼儿针对上下楼梯的过程中存在的安全隐患进行讨论，让幼儿知道上下楼梯时存在哪些危险，避免摔伤、擦伤、碰伤、踩踏等安全事故。同时，告知幼儿上下楼梯需要遵守的规则，如走楼梯时注意不追逐、不嬉闹、不推搡；要看着楼梯一步一级走，不要东张西望，避免双脚踏空而摔倒；靠右侧行走，且手扶栏杆。自编安全儿歌，告诫幼儿上下楼梯的正确方法；有计划、有目的地组织幼儿进行上下楼梯的安全演练。

10. 设计上下楼梯的安全标志、布置"上下楼梯要小心"的主题墙，同时在楼梯上画上下楼方向的小脚丫等，从而在潜移默化中让幼儿遵守上下楼梯的规则，有效帮助幼儿树立安全意识，提高幼儿的自我保护能力，杜绝安全事故的发生。

11. 牢固树立生命第一、安全第一的理念，让幼儿时刻处于自己的视线范围内。班级教师要明确分工，仔细巡视，在容易出现安全隐患的危险环节，重点关注幼儿，严防安全事故的发生。

12. 教育幼儿遵守活动规则，逐步养成良好的活动习惯。

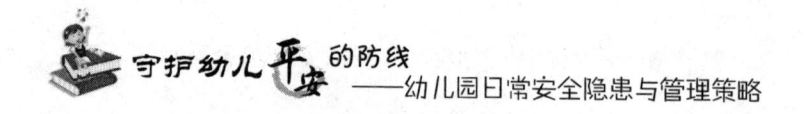

13. 教育幼儿学会通过合作、协商的方式，化解矛盾，愉快游戏。

14. 组织主题教育活动，把户外自由活动环节中容易出现的各种安全事故制作成动画，让幼儿观赏，加深幼儿的印象，纠正幼儿的不良习惯，避免安全事故的发生。

15. 要提升自身的管理能力、组织能力。在幼儿园一日常规活动的重要环节中，高效组织，合理安排，让幼儿远离伤害，健康成长。

16. 要加强幼儿的文明礼仪教育，使幼儿养成谦让、待人友好、安静等待、轮流有序等良好的习惯。

17. 关注幼儿的个体差异，对于调皮好动、不太遵守规则的幼儿，要重点关注，细心照顾，促进幼儿快乐成长。

18. 要及时对在安全事故中受到伤害的幼儿进行心理疏导，让幼儿勇敢面对，接受教训，避免此类安全事故的再次发生。

三、家长应对策略

1. 家长要在日常生活中注意培养幼儿的自我保护能力和自我管控能力。许多家长总怕幼儿发生意外，所以就不经意中剥夺了幼儿通过实践锻炼提高自我保护能力的机会。

2. 自我保护是一个人在社会中保护自我生命的最基本的能力。为了保证幼儿身心健康和安全，使幼儿顺利成长，家长应该加强对幼儿的自我保护教育，培养和提高幼儿的自我保护能力。

3. 家长是幼儿园教师的重要合作伙伴，应主动配合幼儿园的教育工作，让幼儿增强自我保护意识，提高自我保护能力，为幼儿的健康成长奠定良好的基础。

4. 家长平时可多带幼儿进行游戏运动，如滑滑梯、跑步、拍皮球、跳绳等，这样既能增强幼儿的体质，又能发展幼儿身体的灵活性、机敏性、协调性等，从而有效地避免意外伤害的发生。

第八章 户外自由活动环节存在的安全隐患及对策

附一：

户外活动儿歌

阳光明媚天气好，户外活动少不了。
城市生活太喧嚣，回归自然真美妙。
追逐嬉戏开心玩，放松心情不吵闹。
要把安全记心上，平平安安回学校。

附二：

幼儿园户外自由活动环节安全管理制度

幼儿园要开展多种有趣的体育活动，特别是户外活动，培养幼儿参加体育锻炼的积极性。每天组织幼儿进行户外活动，有助于贯彻实施幼儿健康教育。由于幼儿年龄小，活泼好动，好奇心强，自控能力较弱，户外自由活动时常存在诸多安全隐患，为此特制定《幼儿园户外自由活动环节安全管理制度》，以保证幼儿安全。

一、制定《幼儿园户外自由活动环节安全管理制度》，让教师熟知、掌握，教育幼儿遵守，杜绝安全事故的发生。

二、制定科学的幼儿园户外自由活动操作流程，让教师规范操作，提升教师在指导幼儿户外自由活动过程中预测安全隐患的能力，避免安全事故的发生。

三、要求教师加强对幼儿户外自由活动环节的监管督查，细致巡视，掌握幼儿玩耍的情况，严防因教师疏忽管理，造成幼儿出现意外伤害事故。

四、幼儿园应在楼梯、滑梯等易出现拥挤、摔倒的地方设立安全提示标志，提醒、引导幼儿安全有序地进行游戏活动。

五、组织幼儿进行安全演练。幼儿园可定期或不定期地举行上下楼梯安全演练活动，教育幼儿上下楼梯时应有序靠右行走，人多时不推、不挤、不跑、不抢道，严防摔倒、踩踏、碰伤，保证安全第一。

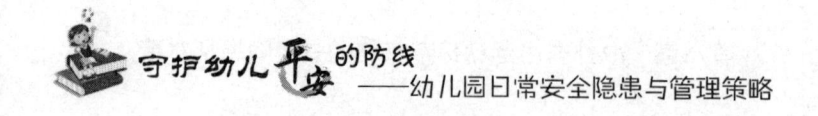

六、要定期检修大型玩具，一旦发现安全隐患，要及时上报并及时进行维修，保证幼儿活动安全。

七、幼儿园要对教师开展突发安全事故应急处理知识培训，使教师掌握必要的处理突发事故的知识和方法。

八、幼儿园、教师要把《幼儿园户外自由活动环节安全管理制度》落实到位并严格执行。

第九章

体育游戏活动 环节存在的 安全隐患及对策

第九章 体育游戏活动环节存在的安全隐患及对策

体育游戏活动是幼儿园重要的教学内容，也是幼儿喜爱的活动形式，有助于推动幼儿德、智、体、美全面发展。《幼儿园教育指导纲要（试行）》明确指出："幼儿园必须把保护幼儿的生命和促进幼儿的健康放在工作的首位。"教师要知道体育游戏的重要性，注意把握体育教学原则和教学方法，因地制宜地有效开展活动，培养幼儿参加体育运动的兴趣和习惯，让幼儿体验快乐，促进幼儿身心健康。开展体育游戏时，教师需要了解游戏的目标、方法和措施，明确自身的角色——体育游戏的设计者、支持者和引导者，保证幼儿在游戏过程中的安全。若教师方法不当、措施不力、安全保护不到位，幼儿不了解或没有掌握体育游戏的规则及安全注意事项，会造成诸多安全隐患。为此，本章列举具体案例，加以阐述。

案例

一、体育游戏风险大，方案详细不可怕

吴老师带领孩子们做体育游戏"采蘑菇"，按照活动要求，她把孩子们分成两组，为了培养孩子们的竞争意识，同时也为了活跃气氛，吴老师让班上表现最活跃的两个孩子强强和壮壮分别担任两个小组的组长。

比赛之前，吴老师先给孩子们讲解了活动规则，然后由两个组长带领各组小朋友熟悉场地环境。强强是一个表现欲极强的孩子，比赛开始，他绕过障碍物往回跑时因求胜心切，和一同向前跑的壮壮撞在一起，脸朝下摔在了地上，嘴唇擦破了皮，并且磕掉了一颗牙齿。吴老师把强强带到保健室，经过医生检查，好在强强掉的是一颗乳牙，也没伤到牙根。

体育活动课上的安全隐患应引起教师的高度重视，虽然幼儿园在安全方面都有预案，但孩子因争强好胜引发的安全问题，教师常常无法预料，在活动开展过程中切不可忽视。

二、幼儿天性爱表现，兴奋过度藏隐患

肖老师组织大班的孩子们做体育游戏"摘桃子"，肖老师要求值

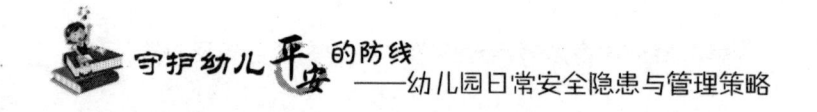

日班长飞飞把全班小朋友分成两组。飞飞很快就把小组分好，并积极配合老师按照教学活动意图，在活动场地设置了"小河"（小呼啦圈）、"独木桥"（平衡木）、"小路"（小棒）等障碍。孩子们必须先越过障碍，然后在对面的"桃树"上摘一个桃子，放到下面的篮子里，完成动作用时最短的小组获胜，如有犯规行为，则小组得分为零。

大班的孩子平衡性、灵活性及协调性较好，竞争意识、团队精神以及凝聚力也比较强。飞飞是班长，又是班上跑得较快的孩子，同时还是其中一组的小组长，他情绪激动，求胜心切，非常希望在全班小朋友面前展现自己的风采。飞飞还是一个责任感和安全意识很强的孩子，在活动开始之前的小组动员会上，除了老师讲的安全规则外，飞飞又对小组成员提出要求——既要获胜，也要注意安全。

比赛开始后，为了给小组同学鼓劲，飞飞自告奋勇打头阵，其实飞飞这样安排不无道理，如果第一炮打响了，能够大大鼓舞士气。在过独木桥时，飞飞拼尽全力，由于速度过快，将要到达终点时失去平衡，从独木桥上摔了下来，脸磕到地上，尽管有仿真小草做地垫，但因速度过快，脸还是划破流血了，肖老师立即将飞飞带往保健室请医生对伤口进行了处理。

事后，肖老师和飞飞促膝谈心，对他在活动中的积极表现进行了肯定和表扬，同时提醒他不能忽视安全方面的问题，飞飞也认识到自己对安全问题考虑不周，非常诚恳地做了自我批评。

三、"钻山洞"有风险，粗心大意擦破脸

为了培养幼儿动作的灵活性及协调性，也为了培养幼儿的胆量，万老师在体育课上安排了"钻山洞"活动。

活动之前，万老师组织小班的孩子先在操场上转了两圈，让孩子们放松身体热热身，紧接着万老师就体育游戏的安全事项做了明确警示，并对"钻山洞"的方法、步骤以及注意事项做了详细讲解。

万老师怕孩子们对动作及要领理解不透，又亲自示范，边做动作

边讲解要领。孩子们分成四组参与比赛，钻过拱形门运完所有苹果后统计每组所运苹果的总数，数量最多的小组获胜。

榛榛胆子小，性格内向，不爱说话，做事往往慢半拍。凡有活动项目，别的孩子都不太喜欢和他分到一组，怕他动作慢，影响成绩。万老师发现这种情况后，特别关注他，并且经常鼓励他。

这是他第一次参加"钻山洞"游戏，这也是万老师提前筹划好的，目的就是让他积极参与游戏活动，融入集体。在万老师的鼓励下，榛榛完成了第一轮的任务，他所在的小组也获得了胜利，榛榛的脸上露出了久违的笑容，万老师为自己计划的成功感到高兴。万老师鼓励榛榛再接再厉，榛榛似乎不像以前那样胆怯，胆子大多了，放下了思想顾虑。在第二轮比赛中，他情绪有点激动，在助跑环节他拼尽全力，然而在"钻山洞"时由于站立不稳摔倒在地，脸被擦破。万老师赶忙带他去保健室处理伤口，幸好并无大碍。

从这次活动中可以看出，看似很安全的体育活动，措施也很完善，但隐忧仍然存在。因此教师组织活动时不仅要激发孩子的活力，培养其自信心，也要照顾到他们容易激动、亢奋的情绪，采取相应的安全保护措施。

四、接力赛，场面激烈隐忧在

接力赛的目的是培养幼儿的集体意识和荣誉感。接力赛是一项对抗性较强的运动，虽说比赛对手之间身体接触机会较少，但由于竞争激烈，运动量较大，对选手的体能是一个很大的挑战，若选手之间的配合不到位，可能会发生比较严重的意外事故。如果在幼儿园小朋友之间开展比赛，教师应该提前对安全隐患有充分的心理准备和周密的事故处理预案。

顾老师组织大班的孩子开展室外体育活动，选择的项目是接力赛。比赛前，顾老师先给孩子们仔细、认真地讲解活动规则、活动要求及安全事项，然后顾老师和潘老师合作示范起跑、交接棒等技术性环节。两位老师示范完毕，选出两个孩子做老师刚才示范的动作，检验孩子

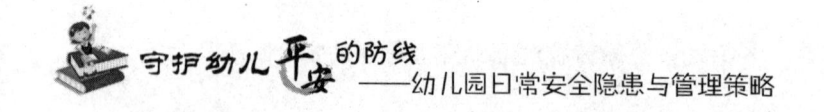

是否掌握了要领，看到两个孩子理解很到位，顾老师开始组织孩子准备比赛。顾老师将孩子们平均分成两队，按接力赛规定的几个点布置好接棒的孩子，并再次提醒孩子们交接棒环节的安全注意事项。

比赛开始后，平时跑得快的强强站在交接棒的位置，一边加油助威，一边脱去外衣交给老师，急切地准备接棒跑。跑第一棒的壮壮速度不是很快，没有跟对方拉开距离，强强看在眼里，急在心里，恨不得提前跑过去接棒。壮壮终于跑过来了，强强随壮壮跑了几步，开始交接棒。由于强强跑得太快，在交接棒的过程中，两个人配合出现了小失误，强强失去平衡，一个趔趄摔倒在地，顾老师急忙跑过来扶起强强，强强的脸磕到地上，鼻子流血了，顾老师赶快领他去保健室医治。

在这次体育活动中，强强因求胜心切而在交接棒的过程中出现失误，导致受伤。需要注意的是，如果奔跑速度超出了孩子的控制范围，两个人的接力棒交接便无法同步，这样就容易出现意外，教师必须时刻提醒孩子注意安全。

五、体育课关键点要防范，看似安全有风险

刘老师组织大班的孩子做"海底寻宝"的游戏，具体做法是在彩虹伞下面的指定范围内练习跑步，目的是通过体育锻炼培养孩子肢体的协调性和灵活性。

活动开始前，刘老师先带领孩子热身，接着把孩子分成两组，由8个孩子撑起彩虹伞，然后，小组成员按排队顺序"游"进"海底"，从"海底"中找到一个"宝贝"后原路返回，将"宝贝"放进"百宝箱"中，这就是孩子需要完成的整个过程。每个小组的第一个孩子完成动作以后，第二个孩子继续重复前一个孩子的动作，如此反复，最先完成任务的一组获胜。

孩子们热情高涨，个个摩拳擦掌，跃跃欲试。飞飞和刚刚分别是两个小组的排头，两个人的动作协调性都很好，速度也差不多，他们都想为自己所在的小组争第一。游戏开始，两人几乎同时"游"进

第九章 体育游戏活动环节存在的安全隐患及对策

"海底",并迅速在"海底"弯着腰寻找"宝贝",他们都把精力放在了找"宝贝"上,早将老师交代的安全注意事项抛到了脑后。由于活动是在彩虹伞下开展,光线不是太好,在寻找"宝贝"的过程中,两个人的头撞到了一起,飞飞疼得哭了起来,刚刚也捂住头蹲在地上。刘老师赶忙跑过去,发现两个孩子头上都出现了红肿。安排好其他孩子后,刘老师把两个孩子带到幼儿园保健室让保健医生做伤情处理。

刘老师把飞飞和刚刚交给保健医生后,再次向孩子们强调了游戏规则、步骤及注意事项,提醒大家一定要注意安全,以免发生安全事故。

六、体育活动内容简单,稍有疏忽仍存安全隐患

体育课上,吴老师组织中班的幼儿做"螃蟹赛跑"的游戏。她先给孩子们讲解游戏活动的方法及步骤,然后强调了活动中应该注意的安全事项。根据活动内容,吴老师让相邻的两名幼儿结为一组,游戏过程中,小组二人背靠背站立,腰部系上一根绳子,组成一只"螃蟹"。两组以比赛的形式同时进行,看哪一组先到达终点。

比赛开始,同一组的纳纳和威威因动作不同步,刚走两步就摔倒在地,威威的胳膊被压在下面,疼得哭了起来。吴老师赶忙跑过去,将两个孩子扶起。威威说自己的胳膊疼得抬不起来,吴老师立刻带他到保健室,保健医生检查后说孩子的胳膊可能脱臼了,须到骨科医院做进一步检查。保健医生和吴老师一起将威威送到骨科医院,医生给威威做了复位,说适当休息一下就可以了,没有什么大碍。

七、"捉尾巴",肢体碰撞隐患大

随着年龄的增长,大班的孩子对具有一定挑战性、竞争性的游戏很感兴趣。"捉尾巴"游戏中有快跑、躲闪的动作,能训练幼儿身体动作的协调性及灵活性,锻炼幼儿的平衡能力。区域活动结束后,潘老师组织大班的孩子们到户外做"捉尾巴"游戏。活动开始前,潘老师先向大家讲解活动规则,要求小朋友在指定的范围内四散跑开,瞅准机会揪对方的"尾巴"(绑在身后的丝带),先揪下对方"尾巴"者为

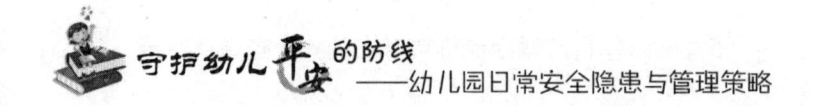

胜。因为活动中孩子之间可能会有肢体接触，潘老师专门强调在跑和躲闪的过程中，身体要灵活，动作要快，同时一定要注意安全。

游戏开始，孩子们的积极性很高，非常活跃，活动场上的叫喊声、笑声连成一片。强强是一个动作快且非常灵活的孩子，他一直在活动场上东奔西跑，在收获别人"尾巴"的同时，时刻警惕和看护着自己的"尾巴"。看到自己的"尾巴"还牢牢地在自己身上，强强暗自窃喜。最后阶段，只有他和聪聪的"尾巴"还没有被揪掉，大家群起围攻，五六个孩子蜂拥而上把强强围了起来，他左右躲闪，保护着自己的"尾巴"。当东东上前争抢强强的"尾巴"时，两人的头撞到了一起，两人疼得双手捂住头倒在地上。潘老师急忙上前，发现东东的前额已经起了一个包，强强的头上也红红的。潘老师见状立即将两人带到保健室请保健医生处理。

八、幼儿情绪难控制，意想不到出问题

体育课上，牛老师根据孩子的年龄特征及兴趣特点设计了一个生动、有趣的游戏"猫捉老鼠"，目的是锻炼幼儿行动的敏捷性和快速反应能力，培养幼儿参加体育活动的兴趣及团结合作的集体主义精神。

根据活动内容和活动规则，牛老师扮演猫，活跃的豆豆先扮演老鼠，被捉到后再由另一名孩子扮演老鼠，其他孩子则手拉手站成一个大圆圈。牛老师再一次强调了安全事项，并一一提醒安全上的几个关键点。游戏开始，"老鼠"在圈里圈外穿梭，"猫"在圈外跟踪"老鼠"，一旦"老鼠"跑出圈外，"猫"就捉"老鼠"，被捉到的"老鼠"要表演一个节目。

豆豆扮演的"老鼠"跑得飞快，他左蹦右跳，牛老师追得气喘吁吁。看牛老师半天也追不上豆豆，捣蛋的亮亮手舞足蹈起来，由于肢体动作较大，当豆豆跑到他身边时，两人撞到了一起。豆豆痛苦地捂着鼻子，血从指缝中渗了出来，牛老师让许老师帮助看管其他孩子，自己抱着豆豆向保健室奔去。

看到豆豆摔得满脸鲜血，亮亮感到自己有责任，事后主动找牛老

第九章 体育游戏活动环节存在的安全隐患及对策

师承认错误，并主动向豆豆道了歉。

九、滚轮胎，稍有不慎出危险

为了确保幼儿安全，避免其受到伤害，幼儿园的很多活动器具上都包有熟橡胶，因为熟橡胶弹性好，能避免幼儿因碰撞到活动器材而受伤，有很好的保护作用。像滚轮胎活动，碰撞风险小，深受孩子们的喜欢。

陈老师在体育课上利用轮胎展开了形式多样的活动，通过实践和交流，孩子们也探索出了很多不同的玩法。为了锻炼孩子的动作协调能力和平衡能力，今天陈老师组织孩子们进行滚轮胎比赛，孩子们分成四组，采用接力赛的形式，看哪一组先绕过障碍物"小树"（用几把椅子代替）把轮胎滚到终点。

游戏开始，孩子们非常兴奋。参加活动的孩子在场上生龙活虎，暂时没有上场的孩子给自己组的小伙伴加油助威，活动场上一片欢声笑语。个子高、力气大的威威很想通过自己的努力扩大自己小组的优势，上场以后加大马力迅速往前推，由于用力过猛，轮胎失去平衡把椅子撞翻了。他急忙去扶轮胎，由于惯性，他未能站稳，一下子趴在椅子上，又翻倒在地，轮胎侧翻砸在他的鼻子上。陈老师赶忙跑过去，看到威威鼻子出血，连忙抱起他前往保健室请医生诊治。

十、爬竹梯，不守规则存隐患

幼儿园的体育教师田老师组织的体育活动深受孩子们的喜欢，田老师平时搞了很多体育创新，他和家长、幼儿共同制作了彩绳、沙包、高跷、铁环、纸棒等大量的体育玩具，同时还对玩具进行分类，如瓶类、布类、罐类、绳类、线类、纸类、盒箱类等，根据幼儿的实际情况、年龄特点组织活动。

今天，田老师组织了"爬竹梯，摘果果"的体育游戏。大班的孩子很喜欢这种挑战性和竞技性较强的游戏，积极性很高。首先，田老师把竹梯横放着固定在两把椅子上，幼儿需爬上竹梯，跃过"小河"，去摘"苹果"。接着，他把幼儿分成两组进行比赛。比赛开始，老师站

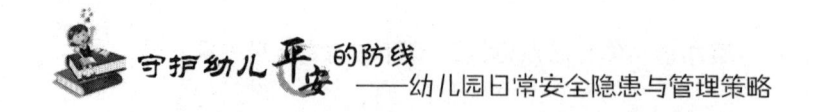

在竹梯的旁边进行指导。青青很喜欢这样的游戏,他爬上竹梯后,为了赶时间,他没有按老师的要求一格一格地爬,而是沿竹梯边上跑,这样可提高速度,节约时间,但容易失去平衡,发生危险。他跑到第三格时,身体失去平衡,从竹梯上掉了下来。

此时田老师正在指导另一组中胆小的巧巧上梯子,他知道青青动作协调性强,应该没问题,但没有想到他会违反规则,导致自己从竹梯上掉下来。田老师急忙跑过去,看到青青紧张地躺在地上,因害怕小手一直在哆嗦。田老师抱起他去保健室医治,保健医生检查后发现他膝盖蹭破了皮,其他地方并无大碍。

经过这件事后,田老师认识到自己安全意识有些淡薄,认为孩子们平时都很听话,所以有点大意,以后活动时一定要看管好孩子,积极关注每个孩子,保证孩子活动中的安全。

十一、不守秩序,争抢沙包手受伤

今天的体育活动,邱老师组织中班的孩子们做投掷沙包的游戏,比赛看谁投得远、投得准。邱老师把孩子们分成四组,把沙包分成四筐,要求孩子们排好队按顺序依次投,不准争抢和打闹。爱动的牛牛和都都站在一起,牛牛在前面,都都在后面。轮到牛牛投掷,由于没有掌握投的技巧,投的距离太近。牛牛不甘心,匆忙又拿起一个沙包准备再投。都都上去拉住他说:"老师让每人投一次,你已经投过了,不能再投了。"说着就要从牛牛手里拿沙包,牛牛不给,两个孩子就争夺起来。这时牛牛看沙包已被都都抢去,就在都都手上用力抓了两下,都都的手背顿时增添了两道血印。邱老师过来一看,连忙带都都到保健室请保健医生进行处理。事后,邱老师对牛牛进行了批评教育,牛牛也认识到了自己的错误,向都都道了歉。

在游戏中,教师既要让幼儿遵守游戏的规则、掌握正确的方法、注意安全,同时要教育幼儿遵守活动规则、文明地做游戏,以免发生安全事故。

第九章　体育游戏活动环节存在的安全隐患及对策

十二、衣帽绳子意外挂在攀登架，拉伤脖子真可怕

曹老师组织中班的孩子们做"智救小熊"的游戏。她为孩子们设置的障碍有攀登架、"小树"和"山洞"等，孩子需要绕过"小树"，钻过"山洞"，爬上攀登架，把"小熊"救出来，而"小熊"被绑在攀登架的高处。

孩子们非常喜欢这种情境性的游戏，同时出于对小动物的爱护之心，都想去救"小熊"。富有爱心、助人为乐的涛涛自告奋勇请求去救"小熊"。他按照规则，敏捷地绕过"小树"，钻过"山洞"，爬上攀登架。他小心翼翼地把绑"小熊"的绳子解开，然后准备从攀登架上下去。涛涛身手矫健，动作敏捷，一切看似非常顺利。这时意想不到的事情发生了，当涛涛带着"小熊"下攀登架的时候，帽子上的绳子绕过涛涛的脖子卡在攀登架的链子上，涛涛被绳子勒住无法动弹。见此情景，曹老师急忙跑过来，把绳子解开，虽然解救及时，但涛涛的脖子上已经被勒出一道红印。这件事一直让曹老师心有余悸。

有鉴于此，在开展活动前，教师必须制订相应的安全预案，同时检查孩子的衣着是否适宜运动，出现问题时应及时处理，倘若不慎延误时机，就会造成无法弥补的严重后果。

十三、手球比赛耗体力，运动过量拉伤韧带

手球比赛是一项培养幼儿集体主义精神的游戏活动，也是一项运动量较大、对抗性较强的比赛活动。两队幼儿通过阻拦、躲闪、跑步穿越对手、传球、投球、守门等方式，争取将球投入对方球门，得分较多的一方获胜。在活动过程中，幼儿能体验比赛的乐趣，增强集体观念，培养坚强、勇于克服困难的意志品质。

今天的体育活动，张老师组织孩子们开展手球比赛。首先，他将孩子们分成两组。比赛开始，两组队员你攻我守，跑动积极，防守和进攻十分出彩，高潮此起彼伏，热闹非凡。张老师组织孩子们持续进行了两轮比赛，看到一些孩子出现了体力不支的状态，张老师宣布活

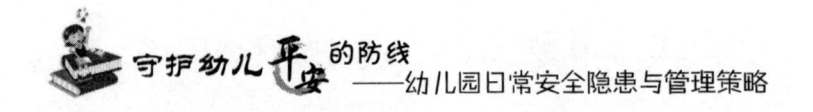

动结束。赛场上孩子们的表现可圈可点，并没有出现张老师最担心的比赛对抗中的安全问题。比赛结束后，张老师紧绷的心放松了下来。午饭时间，明明端饭碗的时候，对张老师说自己手臂痛。张老师急忙带他去保健室，保健医生通过检查诊断，体育游戏过大的运动量，造成了明明韧带拉伤。

事后，张老师反思，手球比赛是一项运动量较大、有肢体摩擦、容易造成运动损伤的活动。虽然幼儿年龄小，但参与的积极性很高，相互之间的对抗性较强，因此教师要充分考虑幼儿的身体承受能力。游戏之前，教师要让幼儿充分做好热身准备，避免运动损伤。同时，要根据幼儿的年龄特点及游戏特点安排适宜的运动量，保证幼儿身体健康。

应对策略

一、幼儿园应对策略

1. 制定《幼儿园体育游戏活动环节安全管理制度》，让教师知道组织体育游戏活动时应注意的安全措施，保证幼儿的身体和心理不受伤害。

2. 科学合理地安排幼儿进行体育游戏活动的时间。经常让幼儿参加各种体育游戏活动，有利于锻炼幼儿的走、跑、跳跃、钻爬、攀登等基本动作，能提高幼儿的平衡能力、协调能力及动作的灵活性，为今后幼儿进一步发展各种运动技能打下良好的基础。

3. 根据《幼儿园工作规程》《幼儿园教育指导纲要（试行）》《3—6岁儿童学习与发展指南》等制定体育游戏活动的目标，促进幼儿的健康发展，增强幼儿的体质。促使幼儿养成良好的生活习惯，掌握必备的生活技能，增强运动时的安全意识，提高自我保护能力。

4. 购买或制作种类丰富、材质安全的体育器材，以免因器材数量不足导致幼儿发生争执，造成伤害。

5. 幼儿园的体育设施必须安装牢固，保证安全。定期组织相关人员对体育运动场地、体育器材进行检查，一旦发现安全隐患，应及时维修或更换。

6. 加强教师专业知识的培训，提高教师指导体育游戏活动的技能和预测体育游戏活动中安全隐患的能力。通过"请进来""走出去"的培训，提高教师组织体育游戏活动的能力，更新教师的教育观念，开阔教师的视野，促进体育游戏活动的有效开展。

7. 举办幼儿园体育游戏活动安全研讨会，提升教师组织体育游戏活动的能力。

8. 做好体育器材的消毒工作，保证幼儿使用安全。

9. 每学期对幼儿及其家长进行形式多样、内容丰富的安全知识教育，增强幼儿的自我保护意识，提高幼儿的自我管控能力，防止意外事故发生。

二、教师应对策略

1. 在体育游戏活动中，要培养幼儿的安全意识和自我保护能力。自我保护能力是一个人在社会中保存个体生命的最基本的能力之一。实际上，安全教育的最终目的就是要让幼儿将所获得的安全知识转化为自己的思想和行动，为自己创设安全的环境，来保证自己的安全。

2. 在日常生活的各个环节中对幼儿进行安全教育，组织幼儿进行安全实践和安全演练，让他们在潜移默化和循序渐进的过程中掌握安全防范和自护自救的知识，懂得遇到危险不慌张、不害怕，学会沉着应对。

3. 牢固树立幼儿生命第一、安全第一的理念，将安全教育和安全防范工作作为班级管理的一项重要工作。

4. 教师作为体育游戏活动的组织者、引导者，要注意培养体育游戏活动中幼儿的自我保护意识和自我防范能力，把安全放在首位。每次组织体育游戏活动前，要讲解游戏的玩法、规则及须注意的安全事项，使幼儿在掌握运动技术要领的同时懂得自我保护的方法，避免意外事故的发生。

5. 要求幼儿参加体育游戏活动时穿宽松的运动服和无跟软底鞋，身上不要佩戴别针等尖利或硬质的危险物品，不要穿带绳子的衣服，不得违规攀爬体育设施。

6. 因材施教，对患病与体弱的幼儿要特别关注，选择适合的游戏项目，让幼儿活动。

7. 在体育活动中，当幼儿发生意外伤害事故时，应及时处理，立即护送受伤幼儿去医院治疗，并做好事故的善后处理和协调工作，同时查明原因，教育幼儿注意安全，防止此类事故再次发生。做好受伤幼儿的安抚工作，引导幼儿克服因安全事故造成的心理障碍，使幼儿学会勇敢面对安全事故，健康成长。

8. 自制的体育器材要保证安全，选用的材料须符合卫生标准，易于清洗和消毒，不易污染，不含毒性，使用方便，对幼儿的身心发展有益。

9. 注重培养幼儿良好的生活习惯和行为习惯，教育幼儿在体育游戏活动中要学会等待，有序排队，文明游戏，会使用文明用语，如"请""对不起""没关系"和"麻烦您"等，减少幼儿之间的冲突，避免安全事故的发生。

10. 对于幼儿之间的争执，教师要心平气和地积极引导、找出根由，化解矛盾。如果是体育器材数量不足，教师应立即补充；如果是幼儿的习惯不良，要多关注及教育，减少安全事故的发生。

11. 经常与家长沟通，及时了解幼儿的个性特点及行为发展情况，从而迅速有效地采取适当的措施解决可能发生的矛盾与纠纷。

12. 正确处理幼儿发生安全事故后的工作，应将发生安全事故的具体原因翔实告知家长，不隐瞒，并向家长道歉，主动承担相应的责任，让家长感受到自己的歉意和善意，用自己的爱心和真诚换取家长的谅解，从而顺利平息风波。

13. 在开展体育游戏活动前，应对游戏活动中的安全隐患有充分的预测，及早采取措施。在组织游戏活动时要时刻提高警惕，让幼儿时刻处于自己的视线范围之内，以免出现意外。

14. 要依据班级的实际情况及幼儿的年龄特点组织丰富多彩的体育游戏活动，让幼儿在游戏中缓解紧张和压力，消除不良的情绪，同时让幼儿在快乐的体育游戏活动中获得成功的体验，促使幼儿形成积极专注、充满自信的良好学习品质。

15. 在体育游戏活动中，幼儿会遇到一些困难和挫折，面对一些新的挑战，教师要关注幼儿的心理压力及特点，引导幼儿大胆地去尝试和探索，培养幼儿坚强、果敢、不怕困难的优秀品质。

16. 制定适合幼儿年龄特点及体质发展情况的体育游戏活动目标和体育游戏活动中的安全防范措施，保证体育游戏活动的正常开展及幼儿的身心健康发展。

17. 要详细地了解体育游戏活动的流程，知道体育游戏活动的方式与内容、组织的要点、运动的强度等，以免因运动量过大而损害幼儿的身心健康。

18. 要了解体育游戏活动组织的一般规律，带领幼儿提前做热身活动，调节幼儿的情绪，调动幼儿参与的积极性。另外，要明确地告诉幼儿游戏过程中的安全要求和规则以及相关的注意事项等，让幼儿知道哪些行为是正确的，哪些行为是危险的。

19. 要能够安全地管控幼儿，并对幼儿进行必要的安全指导和教育。

三、家长应对策略

1. 配合幼儿园做好安全防护工作，协助教师教育幼儿遵守体育游戏活动中的常规要求，防止意外事故的发生。

2. 加强幼儿的文明礼仪教育，教育幼儿学会分享、学会谦让、学会合作等，让幼儿健康成长。

3. 理性面对幼儿发生的安全事故，做到理解、包容，安抚幼儿受挫的心灵，让幼儿健康成长。

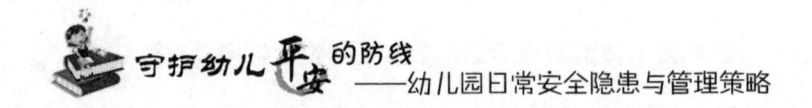

4. 通过家长学校、家长会、幼儿园网站、微信群等形式,主动参与到幼儿安全管理中来,与幼儿园携手,共同促进幼儿健康成长。

附一:

体育游戏儿歌

(一)

体育游戏趣味好,增强体质开脑窍。
老师费心设计巧,全面发展人称道。

(二)

游戏活动须动脑,动静结合要记牢。
德智体美都提高,国家需要好苗苗。

附二:

幼儿园体育游戏活动环节安全管理制度

3—6岁幼儿身体较弱,动作的协调性和灵活性较差,安全意识较薄弱。在体育游戏活动中,不慎摔倒、弄伤自己和别人的事时有发生。比如,在奔跑过程中遇到其他幼儿迎面而来时来不及躲闪而摔倒,攀爬的时候不会保护自己等,这些都是教师在组织体育游戏活动时要特别关注的。为此,特制定《幼儿园体育游戏活动环节安全管理制度》。

一、制定《幼儿园体育游戏活动环节安全管理制度》,让教师熟知和掌握相关内容,并教育幼儿在体育游戏活动中要遵守规则及要求。

二、教师要对幼儿进行安全知识教育、加强安全知识演练,促使幼儿懂得和掌握多种安全事故防范和自救自护的技能。

三、牢固树立幼儿生命第一、安全第一的理念,将安全教育和安全防范工作放在幼儿园和班级管理工作的第一位。

四、幼儿园要购买或使用材质安全、符合幼儿游戏活动安全要求

第九章 体育游戏活动环节存在的安全隐患及对策

的体育器材，保证幼儿安全。

五、幼儿园的体育设施必须安装牢固，并定期组织相关人员对体育运动场地、体育器材进行检查，一旦发现安全隐患，应及时维修或更换，确保幼儿安全。

六、幼儿园要对教师进行专业知识培训，促使教师熟知体育游戏活动的常规要求，并能掌握必要的突发安全事故应急处理技能。

七、教师要能够在体育游戏活动中安全管控幼儿，并对幼儿进行必要的安全知识教育和指导。

八、在体育游戏活动开展前，教师应对活动中存在的安全隐患有充分的预测，让幼儿在游戏活动中有意识地管控、保护自己，避免发生危险。

九、教师要严密组织体育游戏活动，事先讲明游戏规则，提前预测并告诉幼儿体育游戏活动中存在的安全隐患，及早采取有效措施，防范安全事故的发生。

十、家长要密切配合幼儿园教师，做好幼儿的安全教育工作。

十一、教师和家长要把《幼儿园体育游戏活动环节安全管理制度》落实到位并严格执行。

第十章

散步 环节存在的安全隐患及对策

第十章　散步环节存在的安全隐患及对策

《幼儿园教育指导纲要（试行）》指出："幼儿园应为幼儿提供健康、丰富的生活和活动环境，满足他们多方面发展的需要，使他们在快乐的童年生活中获得有益于身心发展的经验。"饭后散步是幼儿园一日生活的重要环节，教师要充分利用散步活动的教育契机，挖掘散步环节的教育价值，让幼儿充分接触社会和大自然，培养幼儿的观察力、想象力、记忆力和探究精神，促进幼儿身心全面发展。

幼儿园的散步活动一般分为两类：一类是教学内容形式的散步，如春天来了，教师带领幼儿到附近的公园体验春天，观察春天的动植物，了解春天给人们的生活带来的变化；夏天，教师带领幼儿观察植物生长的变化，了解郁郁葱葱的植被对我们生活的影响；秋天，教师带领幼儿捡拾落叶，观察秋叶纷纷落下的现象。另一类是餐后散步，即教师带领幼儿在幼儿园内边走边观察。

散步活动是幼儿非常喜欢的活动，也是幼儿园一日生活中孩子们感到轻松、惬意、自然、愉悦的环节。孩子们和老师一起到公园、广场，欣赏、感受与幼儿园不一样的风景。和老师一起做游戏，和小伙伴一起玩耍，有助于幼儿放松身心，愉快成长。餐后散步，一般是教师领着幼儿排着整齐的队伍，有序地行走，沿途观察幼儿园的小花园、植物角等。散步活动具有自主性、开放性和随机性等特征。教师合理有效地组织散步活动，会使幼儿有意料不到的惊喜与收获；反之，如果组织不当，则会引发安全事故。本章列举了相关的案例，阐述了散步环节中存在的安全隐患及其发生的原因，分析其危害及应如何应对，以引起大家的关注。

案例

一、幼儿倒走太顽皮，摔倒在地受了伤

午饭后，姜老师带着大班的孩子在活动场散步。姜老师走在前面，孩子们跟在后面，从教室出来，队伍渐渐拉长。孩子们说着，笑着，快乐地随着姜老师的口令散步。成成和洋洋排在队伍的后面，两人一边散步一边聊天，成成说他昨天在广场看见老爷爷们锻炼身体时倒着

走，说完便开始模仿倒走，洋洋说他也经常看到，也开始模仿倒走。看到洋洋模仿时动作很慢，和前面的小朋友拉开了距离，成成便催促他走快一点儿。洋洋也害怕受到老师批评，便加快了步伐，但由于身体协调性不太好，两只脚绊在一起摔倒在地，洋洋疼得哭了起来。成成赶忙报告姜老师，姜老师带洋洋去保健室找保健医生进行诊治，好在没有大碍。

保健医生提醒，孩子正处在长身体的时期，容易缺钙，看似非常小的动作却有可能引起骨折，教师在活动环节中一定要多留意孩子的行为，避免安全事故的发生。

二、饭后散步，好奇动作伤小手

午饭后，谢老师带孩子们去活动场散步，孩子们在欢笑声中渐渐拉开了长长的队伍。由于天气太热，谢老师担心孩子们因炎热造成身体不适，就带领孩子们前往小花园。

谢老师带着孩子们走过小花园里的小桥后，突然听到有孩子的哭声，接着几个孩子大声喊叫了起来，说晶晶的手流血了，谢老师闻声赶忙跑过去。

原来散步到小桥上时，晶晶的手指被小桥栏杆上焊接的螺丝勾到而划伤了。谢老师连忙抱着晶晶到保健室，请保健医生进行包扎处理，同时请后勤管理人员及时对小桥上的焊接处进行了防护处理。

三、好奇捉蜜蜂，小手被蜇伤

夏季，各种鲜花争奇斗艳，香气四溢，引来蝴蝶、蜜蜂在花丛中起舞。早餐结束后，谢老师带领孩子们在校园里散步，观察植物的生长过程，准备下一环节的区域活动。孩子们走到玉兰树下面的花丛边，叽叽喳喳说个不停，有的说看到了蝴蝶，有的说看到了七星瓢虫，还有的说看到了从未见过的小虫子……

看到几只勤劳的小蜜蜂在花丛中忙碌着，几个胆大的男孩立即叫喊起来："看，有蜜蜂！"说着就开始追逐。其他孩子见状也加入进来，开始追逐。谢老师急忙提醒孩子们不要去招惹蜜蜂，蜜蜂会蜇人。这时，飞飞表情痛苦地来到谢老师面前，不开口，只是把小手伸给谢老师看。看到蜜蜂的毒针扎在飞飞的手指上，谢老师立即带他到保健室找保健医生处理。

保健医生提醒，夏季鲜花盛开的季节，一定要提醒孩子不要因好奇去触碰小虫子，以免受到不必要的伤害。

四、教师看管不到位，餐后散步存隐患

午饭后，肖老师领着孩子们在活动区散步，她走在前面，孩子们手拉着手跟在后面，叽叽喳喳嬉闹着。

走了一段路后，排在队伍中间的果果和乐乐趁老师不注意，向其他小朋友做了个鬼脸，故意慢慢停了下来。等和前面的小朋友拉开了一段距离后，两人嬉闹着往前冲去，追赶前面的小朋友。由于两人一直拉着手，跑得不同步，相互牵拉绊倒在地，两人哭了起来。肖老师听见哭声，急忙跑过来，发现乐乐压在果果的身上，把他们扶起来后，看到果果走路时腿有点不太自然，肖老师不放心，就抱起果果去保健室，让保健医生检查一下。医生通过观察、询问，又对果果的关节部位进行了诊断，没有发现大的问题，就让肖老师把果果带回去让他稍作休息。事后，肖老师教育果果和乐乐以后要遵守散步时的规则，听从老师的安排，注意安全。

保健医生提醒肖老师，散步活动时孩子比较集中，必须时刻注意孩子的行为，不能让孩子离开老师的视线范围，况且刚吃过饭，剧烈的运动也会对孩子的身体造成危害，所以老师一定要加强责任心，避免安全事故的发生。

五、室外散步须警惕，孩子兴奋出问题

吃过午饭后，方老师领着小班的孩子们去操场散步，她在前面走，跟在后面的孩子们拉开了长长的队伍。这时，几个调皮的孩子趁老师不注意，转过身张开双臂挡住后面的小朋友不让他们走，后面的孩子有的着急地喊老师，有的企图从张开的手臂下冲过去。

活泼好动的光光拉住进进不让他走，进进几次想挣脱都没有成功，

于是喊老师求援,但由于队伍中的嘈杂声太大,方老师没有听见,无计可施的进进情急之下抓住光光的手就咬,光光躲闪不及被咬了一口,因疼痛难忍而放声哭了起来。几个孩子飞快地跑到队伍前面,把发生的事情告诉老师,方老师赶过来后发现光光的手背上留有牙印的位置已经肿起,便急忙带着光光向保健室奔去,保健医生及时对伤处进行了处理。

孩子年龄小,在无助的情况下,容易采取极端行为进行自我保护,这不是由孩子的品质决定的。对孩子来讲,这种行为往往未经思考,纯属过激应急反应。出现这种情况时,教师应及时介入,以避免孩子之间发生冲突。

六、夏季小虫多,误入眼睛莫上手

小班的花花性格活泼,常常穿着黄色、橙色等颜色鲜艳的衣服,非常惹人喜爱。今天,丁老师带领小班的孩子们去散步,想让孩子们观察种植园地里黄瓜、豆角的生长情况。

孩子们来到种植园活动区域,看见瓜秧上结着小黄瓜、豆角藤蔓上开着白色的花时,都欢呼雀跃。虽然孩子们都认识黄瓜和豆角,也都吃过,可对它们的生长过程并不了解。丁老师认为有必要让孩子们与这些蔬菜"亲密"接触,对它们进行更深入的了解。丁老师给孩子们讲解蔬菜的生长过程,大家都饶有兴致地听着,还不时向丁老师提出自己的疑问。

正当丁老师和小朋友们兴致盎然地讨论的时候,忽然传来孩子的哭声,丁老师急忙循声望去,只见花花一边揉着眼睛一边哭。丁老师问她发生了什么事,花花说自己正在观察豆角和黄瓜时,一只小虫子忽然飞进了她的眼睛里,她很害怕,不知该怎么办。看到花花因紧张手在不停地颤抖,丁老师这才意识到今天的活动缺失了一个安全教育的环节,只注意让孩子们认识蔬菜的生长过程,而忽视了在花丛中觅食的多种小虫子可能引发的安全问题。

丁老师急忙抱起花花去保健室诊治,保健医生告诉丁老师,春夏季节昆虫较多，花花穿的衣服颜色鲜艳，容易招小虫。保健医生给花花进行了心理疏导，告诉她遇到小虫入眼的情况要保持镇定，不要揉眼睛，揉眼睛可能会加重伤情。保健医生让花花试着闭上眼睛，并让泪水流出，让异物随眼泪流出。

事后，保健医生提醒丁老师，幼儿的眼睛十分娇嫩，哪怕是细微如丝的异物进入眼睛，都会使孩子痛苦不堪，若处理不当，很容易伤害到眼角膜，引发角膜炎、角膜溃疡等疾病。保健医生嘱咐丁老师要告知孩子家长，这两天要坚持滴眼药水或涂眼药膏，以防止细菌感染。

七、兴奋好奇摸花朵，月季刺破孩子小手

午餐后，何老师带领孩子们散步，孩子们排着队跟着何老师来到幼儿园的植物观赏区。观赏区的月季已经盛开，五颜六色的花朵姹紫嫣红，争奇斗艳，分外好看。见此情景，孩子们驻足观赏，十分兴奋。

何老师抓住时机给孩子们介绍月季的相关知识。月季盛开的时候，香气扑鼻，听完何老师的介绍，孩子们一个个伸长脖子，尽情地闻着月季的香气。午休时间到了，何老师让孩子们排好队，准备回休息室。惠惠忘情地欣赏着花朵，没有听到何老师的提醒，花丛遮挡住了惠惠娇小的身体，老师和同学们也都没有注意到惠惠的异常行为。她蹲在花圃边，伸手想采摘一朵自己非常喜欢的月季花，结果月季的花刺刺破了她的小手，鲜血顺着她的手指流出来，她害怕地哭起来，何老师这才发现掉队的惠惠，赶忙抱起她去保健室医治。

八、室外活动放松警惕，三个孩子脱离看管

午饭过后，常老师带着班里的孩子们到室外活动区散步，她在前面走，孩子们排着长队在后面跟着。常老师看天气比较热，担心孩子们身体不适，就带着孩子们顺着玩具场四周有树荫的地方散步，之后就带着孩子们回室内休息了。

等孩子们都睡下后，常老师开始清点人数，这才发现有三个孩子不在，顿时紧张起来。她让保育老师看管好其他孩子，自己急忙下楼寻找。

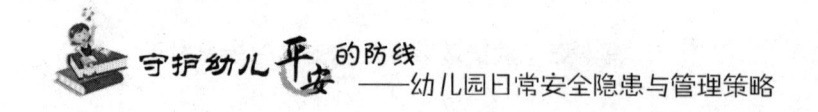

常老师来到室外活动区,放眼四周,看不到一个孩子的影子。大班的吴老师说:"植物观赏区蹲着三个孩子,你去看看是不是你们班的。我都提醒他们好几次让他们回教室了,他们三个还在那里玩呢!"常老师快步走到植物观赏区,看到涛涛正在表演倒立,另外两个孩子岩岩和熙熙正在有说有笑地观看,常老师这才缓缓地吐出了口气,紧绷的神经放松下来。她走到三个孩子面前,手扶着涛涛让他站起身,避免他扭伤脖子。三个孩子知道自己做错了事,不敢看常老师。常老师语重心长地教育他们,以后一定不能随便脱离集体,否则出现危险,如果老师和同学们没有及时发现,后果会非常严重。

常老师把孩子带回休息室后,开始反省自己,这次幸亏孩子们是在幼儿园内活动,如果是在幼儿园外面参加活动,一旦走失,后果将不堪设象。虽然这次只是虚惊一场,但给常老师敲响了警钟,任何时候对孩子都不能掉以轻心。

九、散步活动刚结束,幼儿惊厥人担忧

散步活动结束后,路老师带领大班的孩子回休息室。有的孩子大小便后进入休息室准备午睡,有的孩子还在盥洗室,路老师一边提醒盥洗室的孩子赶快进休息室,一边安抚休息室的孩子。突然,铭铭大声喊路老师,说鸿鸿躺在盥洗室的地上,嘴里冒白沫。路老师急忙跑进盥洗室,只见鸿鸿倒在地上,面部肌肉抽动,眼球上翻,口吐白沫。路老师立即让鸿鸿平卧,解开他的衣领,将他的头偏向一侧,使口腔分泌物易于流出,以免引起窒息,保持呼吸畅通,然后急忙让保育老师请保健医生速来救治。

保健医生赶到后,首先要求路老师把其他孩子带进休息室保持安静,然后对鸿鸿进行紧急诊断。初步诊断结果为高热引起惊厥,须立即冷敷。保健医生先用酒精擦鸿鸿的后背、头颈、大腿内侧等部位,进行紧急救治,然后与路老师将一起鸿鸿送到附近医院进行进一步的医治。

在医院安顿好孩子,路老师立即通知鸿鸿的家长并详细告知孩子

的情况。好在孩子的症状发现及时，抢救处理得当，才避免了重大事故的发生。

十、插座安装不规范，孩子插拔遇危险

午饭后，谷老师带领孩子们去楼下散步。吃饭慢的如如、元元、洪洪三个孩子留下来由保育老师照顾，等孩子们吃完饭，保育老师去消毒室给碗筷消毒。留下来的几个孩子趁老师不在，没有到室外活动区散步，是在活动室玩耍起来。而淘气的元元发现教室里电钢琴的插头在外面，就拿着电钢琴的插头去捅插座，结果"噼里啪啦"一阵响，一股电火花蹿了出来，瞬间就将元元的手烧伤了。面对这突如其来的情况，其他两个孩子被吓呆了。保育老师听到响声后急忙从消毒室里跑了出来，此时活动室里烟雾弥漫，刺鼻的橡胶烧焦味扑鼻而来。元元痛苦地抓着自己的小手指，手指间的皮都烧破了。

由于电线短路，幼儿园的电工正在紧张、焦急地排查线路。谷老师把孩子们安排在活动区，请其他老师帮忙照看，自己急忙跑回教室，看到受伤的元元，急忙抱着他到保健室，后来保健医生和谷老师又把孩子送往医院。

医院的医生说，孩子年龄小，自我保护意识不强，不懂安全用电常识，因此一定要让孩子远离电源插座。由于幼儿园采取了多层防护措施，空气开关立即断电，才避免了更为严重的后果出现。孩子只是被电火花击伤，并没什么大碍，过一段时间就能够康复。

事后，幼儿园园长对此次事故进行总结时强调，由于值班教师责任心不强，严重违反幼儿园一日安全规定，才造成了不该出现的安全事故；虽然这次事故没有出现非常严重的后果，但性质非常严重，大家一定要吸取教训，提高警惕。电源线路不仅仅会造成烧伤、灼伤等问题，严重的甚至会危及孩子的生命。幼儿园虽然安全措施到位，防护级别较高，但仍存有安全隐患，必须彻底排查，立即整改。幼儿园要将电源插座统一放在孩子们触摸不到的地方，坚决杜绝此类事故再次发生。

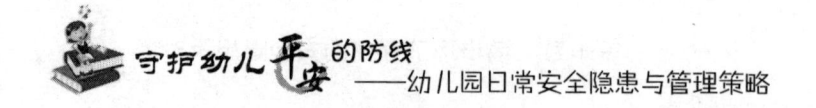

十一、消毒用品管理不善，分分秒秒藏隐患

散步活动结束后，韩老师带领小班的孩子们进入盥洗室，保育老师顾老师忙于收拾餐具及打扫卫生，顺手将消毒液放在了洗刷池上，准备中午在活动室对玩具进行消毒。

烨烨和楠楠散步后在盥洗室逗留，烨烨看见了消毒水，走过去拿起对楠楠说："老师的纯净水，我渴了，想喝几口。"楠楠点点头。旁边经过的锵锵看见了，急忙跑到就餐间报告顾老师。顾老师闻讯飞跑到盥洗室，见烨烨正在拧消毒液的瓶盖，急忙对烨烨说："那不是纯净水，是消毒液！喝进肚子里会生病的。"烨烨听后把消毒液递给了顾老师。"洗涤、消毒用品对孩子的皮肤、黏膜、口腔会造成很大的伤害。幸好自己及时阻止，才避免了安全事故的发生。"想到这里，顾老师心有余悸。顾老师急忙把瓶盖拧紧，将消毒液放进柜子里，并上了锁。消毒用品一定要严格保管，以免孩子误食。

十二、户外散步活动，孩子安全难把控

由于幼儿园和公园只隔了一条马路，有时教师会利用散步时间，带领孩子们去公园观察四季的变化。为了让孩子们走进春天，观察春天，感受春天，体验春天，贾老师提前做了充分的准备，和班里的其他两位老师制订了方案和参观流程，并让两位老师熟知。

早餐后，贾老师给孩子们讲明了要求，把孩子们分成三组，带领孩子们前往公园参观。刚到公园，孩子们看见一丛一丛的迎春花，还有粉红色的桃花，立即兴奋起来。大家仰着小脸，认真地寻找着眼中的春天。孩子们笑着，走着，跳着，十分欢喜。

当孩子们走到小树林旁时，贾老师看见小树林里干净平坦，四周还有不少富有艺术特色的座椅，就让孩子们坐下来休息喝水。调皮的亚亚一边拿着水瓶喝着水，一边不安分地爬上座椅往下跳，结果一不小心摔倒在地上。贾老师赶紧上前扶他起来，发现他的手臂无法抬起，立刻安排班里的黄老师和曹老师带孩子排好队回幼儿园，自己抱起亚亚到幼儿园保健室。经保健医生诊治，亚亚扭伤了手臂，幸好并无大碍。

十三、常规散步无特别，手臂脱臼有故事

午饭后，苗老师让小班的孩子们手拉手沿着一楼的跑道散步，力气大、调皮的川川拉着言言故意时快时慢地走着。走到拐弯处，川川猛然使劲，拉得言言一个趔趄，身体往后仰了一下，虽然没摔倒，但言言明显感觉自己的胳膊有些疼痛，只是当时没有说。

回到休息室后，言言的手臂不能弯曲，不能抬举与取物，不能自由活动，苗老师注意到这一情况后，根据以往经验判断，言言一定出了什么问题，于是悄悄来到言言身边，关切地问他是不是刚才散步时摔倒了，言言摇摇头没有吭声。苗老师将言言带到活动室，继续耐心地询问言言。在苗老师的耐心询问下，言言终于说出真正的原因，眼泪也止不住地掉下来。

了解情况后，为了避免孩子因延误时间造成二次伤害，苗老师急忙安置孩子们休息，并嘱咐保育老师潘老师一定要细心照看好孩子，然后抱起言言到保健室医治。保健医生诊断后认为孩子有可能是脱臼，苗老师和保健医生一起把言言送到骨科医院，经医生诊断，确认是外力引起胳膊肘处脱臼。医生告诉苗老师，幼儿脱臼是一种比较常见的现象，作为老师，有必要了解相关知识，以便于以后在工作中引起关注和有效预防。

脱臼，学名为"关节脱位"，通常指外部暴力使骨端关节的相互关系发生错位。如果脱位关节面彼此完全不能接触，叫作完全脱位；尚有部分接触，叫作不完全脱位。幼儿脱位以不完全脱位居多。幼儿的肩、肘、髋和下巴、手指等部位最容易发生脱位，因为这些部位关节活动度大，关节囊松弛。

医生帮言言把脱臼处复位后，言言的疼痛感立刻消失了，并能自如活动手臂。医生告诉苗老师，4岁以下的儿童桡骨头上端发育尚未完全，肘关节囊及韧带均较松弛薄弱。孩子的肘关节往往呈半屈位，易发生肘错位，老师对此不必惊慌失措，请专业医师进行复位即可。但由于脱位时有可能还有关节部的血管或韧带损伤、骨折等情况，所以最好及时就医。

应对策略

一、幼儿园应对策略

1. 制定《幼儿园散步环节安全管理制度》，让教师知道散步环节是幼儿一日生活的重要环节，须注意采取相关的安全措施，保证幼儿健康成长。

2. 根据《幼儿园工作规程》《幼儿园教育指导纲要（试行）》《3—6岁儿童学习与发展指南》等制定散步环节的目标，促进幼儿的健康发展，增强幼儿的体质。

3. 制定散步环节的操作流程，让教师了解散步环节存在的安全隐患的类型及预防措施，促进幼儿健康成长。

4. 加强教职工安全培训，提升教师组织、管理及预测安全隐患的能力。制定幼儿园安全事故应急预案，让教师知道发生安全事故时应正确、积极地应对。每学期邀请专业医务人员对全园教师进行幼儿安全事故应急处理方法的培训，提高教师的临场救治能力。

5. 建立严格规范的洗涤、消毒用品管理制度，不能出现随意乱放洗涤、消毒用品的现象。

6. 明确保健医生的职责，要求保健医生在安全事故发生后的处理过程中要积极主动，跟踪调查，做好相关记录，为幼儿的后续治疗提供第一手资料。

7. 通过家长学校、家长会、幼儿园网站、微信群等形式，宣传家庭教育的重要性、幼儿园安全防护的措施及家长需要配合的事项等，让家长主动参与到幼儿安全管理中来。

8. 组织散步活动时，要做好预防工作，如夏季预防蚊子、蜜蜂等昆虫对幼儿的伤害。另外，幼儿园的小花圃内尽量不要种植带刺的植物，以免使幼儿受伤；如果种植，应考虑妥善保护隔离，避免让幼儿受到伤害。尽量不种三叶草、虞美人、串串红、小野菊等易招引蜜蜂的花。定期检查幼儿园内的大树、建筑物上是否有蜂巢，若发现应及时处理。

二、教师应对策略

1. 了解散步环节的教育目标、教育方法及应采取的措施，保证幼儿的身心健康。加深对散步环节重要性的认识，提高有效组织散步活动的技能，切忌对幼儿不管不问、放任自流，以免发生安全事故。教师不能自顾自地向前走，应时刻关注身后幼儿的行为表现，避免幼儿因脱离教师视线而发生安全事故。

2. 带领幼儿散步回来后，及时清点人数，以免因为一时疏忽，使孩子发生意外。

3. 妥善放置洗涤、消毒用品等，防止因保管不当造成幼儿误食、误用，对幼儿造成伤害。

4. 幼儿年龄小，好奇心强，喜欢探究。外出散步时，教师要教给幼儿观察的方法，明确告知幼儿怎样做才对，怎样做不对，提升幼儿辨别是非的能力，增强他们的安全意识，避免安全事故的发生。

5. 针对散步环节出现的安全事故，开展安全主题教育活动，培养幼儿的安全意识和自我保护意识，训练幼儿在意外情况下的应变能力和自我保护能力，以避免人身伤害，确保幼儿健康成长。例如，教师组织开展散步环节的谈话活动，和幼儿一起分析容易出现的危险情况，并共同讨论如何避免危险，让幼儿了解发生在身边的安全事故往往都是由于自己的安全意识不强、没有按常规要求做造成的，让幼儿通过讨论真切地体会安全的重要性，增强他们的安全意识，避免安全事故的发生。

6. 制定散步环节的常规要求，让幼儿懂得遵守规则和纪律，散步过程中不打闹、不争执、守秩序。教师应时刻监督与提醒幼儿，培养幼儿良好的行为习惯。

7. 在散步活动中，教师要组织有序，让幼儿在自己的视野内活动，不能让幼儿处于游离状态。针对幼儿的异常行为，应特别关注。要时刻把"安全第一"牢记心中。

8. 根据幼儿的喜好设计散步的路线。教师可以走在队伍的后面或旁边，以便于及时发现幼儿的情况。队伍中如果有人掉队，教师应立即提醒其迅速跟上。教师应明确自己扮演的角色是引导者、观察者、帮助者和推动者，时时处处关注每一个幼儿，避免安全事故的发生。

9. 由于散步活动一般是在饭后进行，幼儿不适宜做紧张刺激、奔跑追逐的游戏。教师要增强散步环节的趣味性、生动性，调动幼儿的积极性。落实陶行知"生活即教育"的教育思想，教师要善于抓住散步环节的教育时机，培养幼儿的观察能力及探究兴趣。引导幼儿关注充满奇趣的大自然，可以带领幼儿观察幼儿园的小花圃里植物的生长过程，可以让幼儿观察种植角里蔬菜、农作物的生长变化，还可以让幼儿观察各种昆虫，鼓励幼儿大胆探索，在轻松愉悦的氛围中直接感知、学习，增长多方面的知识，促进幼儿健康成长。

10. 正确审视发生的安全事故，不可以隐瞒，自行胡乱处理，必须沉着冷静，以最快的速度把幼儿带到幼儿园保健室进行诊治，以免因教师的失误使幼儿受到二次伤害。做好安全事故发生后的妥善处理工作，要把翔实的情况告知医生，使幼儿得到恰当的救治。另外，要做好幼儿的慰问及安抚工作，获得家长的谅解。

11. 依据散步环节的教育目标，恰当地组织散步活动，针对发生的安全事故，及时进行自我反思，正确审视自己的教育行为，更新教育观念，提升教育技能，做幼儿学习与游戏的支持者、合作者和推动者，促进幼儿健康成长。

三、家长应对策略

1. 配合幼儿园做好幼儿的安全防护工作，协助教师让幼儿懂得遵守散步活动中的常规要求，防止安全事故发生。

2. 正确面对幼儿出现的安全事故，做到理解、包容，为幼儿树立良好的榜样，安抚幼儿受伤的心灵，让幼儿健康成长。

3. 注重培养幼儿良好的行为习惯，教育幼儿做到文明有礼。

第十章 散步环节存在的安全隐患及对策

附一：

散步儿歌

（一）

小朋友们队站好，外出散步出发了。
穿过马路进公园，百花盛开花香飘。
空气清新心情爽，自然神奇藏奥妙。

（二）

慢慢散步脚下瞧，老师叮咛要记牢。
安全时常心中挂，身体强壮百病消。

附二：

幼儿园散步环节安全管理制度

散步活动是幼儿非常喜欢的活动，教师可充分利用幼儿散步活动的教育契机，带领幼儿到附近的公园、广场，欣赏、感受与幼儿园不一样的风景。散步环节具有自主性、开放性和放松性等特征，幼儿年龄小，活泼好动，自我管理能力较弱，教师不易管控，易出现安全隐患。为此，特制定《幼儿园散步环节安全管理制度》。

一、制定《幼儿园散步环节安全管理制度》，召开会议向教师宣讲制度内容、要求，让其熟知和掌握，并要求幼儿在散步环节严格遵守。

二、要求教师组织散步活动时要注意采取恰当的安全保护措施，保证幼儿不出事故。

三、制定突发安全事故应急预案，对教师进行培训，让其熟知并掌握应对突发安全事故的正确步骤和方法。

四、幼儿园必须把保护幼儿的生命安全和促进幼儿健康成长放在日常工作的首位，采取积极措施，保证散步环节教育目标的实现。

五、教师带领幼儿散步返回时，要及时清点人数。

六、幼儿年龄小，好奇心强，喜欢探究。外出散步时，教师要教

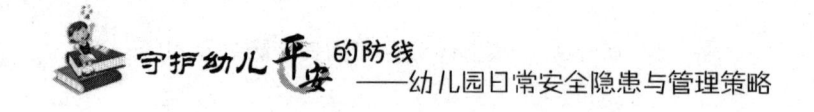

给幼儿观察事物的正确方法，要教育幼儿怎样做才对，怎样做不对，提升幼儿辨别是非的能力，增强幼儿的安全意识。

七、教师制定散步环节的基本常规要求，让幼儿懂得遵守规矩的重要性，并学会用纪律要求约束自己，散步过程中不打闹、不争执、有秩序，做好互相监督与提醒，培养幼儿良好的文明习惯和行为。

八、教师组织散步时，要做好预防工作，如夏季预防蚊子、蜜蜂等昆虫叮咬对幼儿的伤害；要将幼儿与有毒植物、带刺植物进行妥善的隔离，以免让幼儿受到伤害。

九、家长应配合好幼儿园，协助教师教育幼儿遵守散步环节中的常规要求，严防安全事故的发生。

十、教师和家长要把《幼儿园散步环节安全管理制度》落实到位并严格执行。

第十一章

午睡环节存在的安全隐患及对策

第十一章　午睡环节存在的安全隐患及对策

午睡作为幼儿一日生活中的一个重要环节，是培养幼儿知、情、意、行的重要契机。教师能否合理有效地组织幼儿的午睡活动，关系到幼儿的健康成长和幼儿园教学活动能否正常开展，也是衡量幼儿园保教质量的关键因素。

午睡环节的安全，是幼儿教师一日安全工作中的重要组成部分，教师应高度重视。不少教师认为这是很轻松的一个环节，孩子入睡后，自己的工作量减少了，殊不知，幼儿午睡这个环节要求教师的责任心更强，稍不注意，会引发意想不到的安全隐患，造成安全事故。为此，本章结合具体的案例，阐述了幼儿园午睡环节存在的安全隐患及应对策略，以杜绝安全事故的发生。

案例

一、教师工作要仔细，吃饭也有大隐患

早上，中班的旺旺吃了妈妈买的肉饼，还喝了一杯鲜牛奶，然后妈妈把他送到了幼儿园。

中午吃饭的时候，邱老师提醒孩子们不能浪费食物，一定要把饭菜吃完。旺旺是个听话的孩子，于是大口大口地把饭吃完了。午餐后，邱老师带着孩子们到室外活动场散步，之后就让孩子们到休息室睡午觉。邱老师发现旺旺还没睡，就轻轻走过去提醒他抓紧时间午休。旺旺对老师说他睡不着，肚子还饱着呢。邱老师便没有强迫他午睡。过了一会儿，邱老师看到旺旺趴在枕头上进入了睡眠状态，也就放心了。

下午两点半，大部分孩子已经睡醒，陆续回到活动室，邱老师见旺旺还没醒，以为是他迟睡的原因，因此并未立即叫醒他。等到其他孩子结束准备工作，邱老师这才去叫旺旺起床，可怎么叫旺旺都没有反应。于是邱老师把旺旺翻过身来，发现旺旺的嘴巴、鼻子都有黑色污物，嘴唇发黑，已经停止了呼吸。随后两位老师立刻把旺旺送往幼儿园保健室，后又紧急送往医院，等到医院抢救时，孩子已经没有了生命体征。

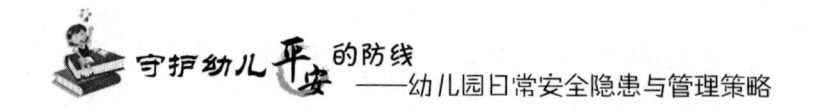

医生诊断，孩子午餐时吃得过饱，虽然有散步环节，但食物还没有充分消化就午睡，导致孩子因食物倒流堵塞气管致死。听完医生的诊断结果，邱老师万分懊悔自己没有仔细关注孩子的情况。最终园方承担了相应的安全责任，邱老师也受到责任追究。

孩子正处于长身体阶段，在饮食上，家长、老师总希望孩子吃好、吃饱。两种善意的愿望结合在一起，却忽视了幼儿的实际情况，就可能形成一定的安全隐患，并且这种安全隐患很难控制和把握。这件事情提醒家长和老师，彼此应多进行沟通，充分了解幼儿的身体成长情况及需要。同时，幼儿园值班教师也要做好幼儿午睡时的安全措施，将责任落实到位，只有这样才会避免发生重大的安全事故。

二、纽扣入耳，损伤耳膜

午休时，林园长突然接到杨老师打来的电话，说她们班有一个孩子把一颗纽扣塞到了耳朵里。

林园长立即联系幼儿园保健医生，随后匆忙来到教室，看到杨老师正给一个孩子穿衣服，孩子痛苦地闭着小嘴，眼泪不住地往下流。保健医生赶到后仔细做了检查，发现孩子将纽扣塞得很深，不敢贸然诊治，建议立即将孩子送到专业医院。

林园长和保健医生一起把孩子送往医院。急诊科的大夫借助仪器把纽扣取了出来，大家提着的心总算放了下来。由于纽扣塞得太深，损伤了孩子的耳膜，医生建议留院观察，再做进一步治疗。

三、幼儿叠被掉下床，安全事故敲警钟

教师为了培养孩子的自理能力，要求孩子自己的事情自己做，起床后要整理好自己的床铺。这个环节虽然能锻炼孩子的能力，但如果教师管理不细致，很容易造成严重的后果。

午休结束后，贝贝在上铺叠自己的被子时，由于用力过猛，不小心从床上一头栽了下来。值班教师及时赶到，看到贝贝头上血流不止，连忙将他送到附近的医院。虽然医院进行了全力抢救，但未能保住孩子的生命。

孩子的离去，给家庭带来了严重的伤害，虽然最后园方积极配合有关部门处理了此事，值班教师也被追究事故责任，受到了相应的处罚，但孩子的生命已无法挽回，教训是深刻的。

不少幼儿园孩子休息时用的都是双层床，虽然不高，床的四周也有防护围栏，但如果安全措施不得当，还是有很大的安全隐患。孩子午休期间，教师须重点关注两个环节：一是铺床脱衣环节。睡在上铺的孩子在整理床铺和脱衣的过程中，稍不注意容易发生安全事故。二是起床穿衣叠被环节。孩子刚醒来后，由于意识还不是非常清醒，很容易出现坠床事故。

四、活动管理出漏洞，午休环节埋隐患

午饭后散完步，孩子们上床午睡了，值班的牛老师轻轻地给孩子们盖被子，突然听见文文喊老师，说莹莹的手里有珠子。牛老师大吃一惊，按照幼儿园的要求，小朋友是不能随身携带这种危险物品的。牛老师急忙走过去，悄悄掀开莹莹的被子一看，莹莹的床上散落着一些颜色鲜艳的小珠子，她的手里还攥着几颗。牛老师急忙把她从床上抱下来，关切地问："莹莹，嘴里有没有珠子？"莹莹摇摇头。牛老师不放心，让莹莹张开嘴巴，仔细观察，没有发现异常。牛老师又紧张地检查莹莹的耳朵，也没有发现什么问题。检查完毕，牛老师让莹莹把手里的珠子交给老师，还让她把口袋里的两颗珠子也掏了出来。做完这些，牛老师并没有就此罢休，多年的经验告诉她，稍有不慎就会有大的安全隐患。牛老师请赵老师在休息室照看孩子，自己把莹莹抱到活动室耐心地进行心理疏导，莹莹因害怕低着头，不吭声。

为了确保莹莹的安全，牛老师将莹莹带到保健室请保健医生仔细检查，经保健医生确认，莹莹没有把珠子吞到肚子里。这时牛老师才放下心来，松了一口气。随后，牛老师将莹莹抱回休息室，看到她安心地入睡后，牛老师去活动室拿来今天上午进活动区的孩子的名单，发现莹莹是在活动室做游戏时把珠子装进口袋里，继而在午睡的时候拿出来玩的。由于老师当时并没有发现她的举动，才埋下了安全隐患。

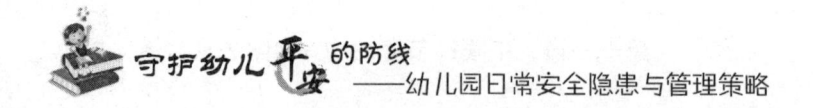

五、午睡后打闹，床上坠落风险大

午睡结束，孩子们陆续起床，大部分孩子穿好了衣服，有的孩子如厕，有的孩子洗完脸进入活动室。黄老师在活动室给女孩子梳头，保育老师丁老师组织孩子在盥洗室喝水，并不时催促休息室的孩子快点起床。

睡在上铺的睿睿站起身穿衣服，不小心碰到了旁边同在上铺的华华，华华认为睿睿是有意碰撞自己，就站起身追打睿睿。由于华华用劲大，睿睿又无处躲闪，睿睿的手臂被打疼了，他站起身推了华华一下，华华没有站稳，从床上摔了下去，头一下子磕到下铺的床沿上，华华因疼痛抱着头哭了起来。丁老师听见哭声，急忙跑过来，看到华华头上在流血，连忙抱起华华去保健室。因为头部受伤，保健医生不敢掉以轻心，和丁老师一起把华华送到医院。医生给华华缝合伤口后做了进一步的脑部检查，经过诊断，没有脑震荡及其他病症，但建议孩子留院做进一步观察。

六、午睡时教师脱岗，孩子自由玩耍

午睡时间，陈老师巡视了一圈，看孩子们都睡了，就悄悄地离开休息室，到教研室取教具，准备下午的教育教学活动。她刚走出去一会儿，小刚就醒来了，他悄悄下了床，去盥洗室小便，回来后看到陈老师不在休息室，就一个人跑到活动室，拿起玩具独自玩起来。小刚是一个非常爱动的孩子，平时就坐不住，今天老师脱岗给了他玩耍的机会。他先从玩具柜里挑选了几样自己喜欢的玩具，然后把玩具放到桌子上，自在地玩起来。玩具的响动吵醒了正在睡午觉的凯凯，凯凯观察了一会儿，发现老师不在，也溜进了活动室，挑选了几件自己喜欢的玩具，摆到桌子上玩起来。两人玩耍的动静越来越大，惊动了班里其他孩子。邻班老师发现问题后及时找到陈老师，陈老师这才发现自己犯了一个严重的错误。

陈老师回到教室的时候，幼儿园值班领导已经把孩子们都安顿好了。看到陈老师后，值班领导对她进行了批评教育。随后，陈老师开

第十一章 午睡环节存在的安全隐患及对策

始反思，她深刻认识到，值班期间，无论发生什么情况，都不能脱离岗位，即便有事，也要安排妥当之后离岗，午休值班不能有丝毫的马虎。

七、午睡孩子爬窗，防护栏失修引祸端

散步结束后，陈老师组织孩子们上床休息。有几个孩子因吃饭慢，还没有结束用餐，盥洗室有几个孩子正在大小便。陈老师一边催促吃饭慢的孩子快点用餐，一边催促盥洗室的孩子快点进休息室，保育老师忙着收拾桌子、碗筷，打扫卫生。

由于值班的两位教师都把精力放在活动室里的孩子身上，忽视了休息室里孩子的情况。突然，贝贝喊陈老师，说超超从楼上掉下去了。陈老师一听，急忙赶到休息室，在贝贝的指引下，看到关闭的窗户已经被打开，防护网在空中挂着。陈老师伏身往下看，发现超超一动不动地趴在地上，她急忙安排梁老师看管好班里的孩子，自己飞奔下楼。

只见超超的嘴角有血迹，闭着眼睛，全身瘫软。陈老师被眼前的情景吓坏了，慌忙拨打急救电话，并拨打值班园长的电话，不一会儿超超被急救车送往医院。非常遗憾的是，医院虽然努力抢救，但孩子再没有醒来。

事后，据陈老师了解，超超的床紧挨着窗户，活动前，教师把窗户推开通风换气，活动结束后，忘记了关窗。虽然窗外安装了防护网，但因安装时间比较长，固定防护网的钢钉早已生锈断裂，超超趴在窗台上往外看时，防护网并未能起到保护作用，发生了严重的安全事故。

应对策略

一、幼儿园应对策略

1. 制定《幼儿园午睡环节安全管理制度》，明确教师在幼儿午睡环节的职责与任务，杜绝安全事故的发生。

2. 制定科学、合理的幼儿园午睡环节操作流程，让教师规范操作，提升教师指导幼儿午睡活动中预测安全隐患的能力。

3. 加强教师的安全培训，让教师提高安全防范能力，并掌握简单的急救措施。

4. 为幼儿创设安静的午睡环境，休息室挂上遮阳的窗帘，墙壁上张贴星星、月亮等有助于幼儿安静入睡的图片，营造安静入睡的氛围，促使幼儿养成良好的午睡习惯，促进幼儿健康成长。

5. 加强教师对幼儿午睡环节的监管与督查，严防教师脱岗、离岗，杜绝幼儿意外伤害的发生。

6. 召开家长会，要求家长密切配合，共同培养幼儿良好的午睡习惯，促进幼儿健康成长。

7. 根据幼儿园幼儿床的配备标准，配置牢固、结实、耐用的床，不要太高，应该有围栏，栏杆高度要适宜，以免幼儿从床上滚落。要求幼儿园的后勤人员定期维护、维修幼儿床，检查床的各个接合处、扶手、梯子是否牢固，一旦发现异常情况，应及时上报并进行维修或更换。

8. 可以在床周围放上比较软的地毯或泡沫垫等，这样即便幼儿从床上掉下来，也不会出现严重的损伤。

9. 定期检查幼儿园的安全设施，如有损坏，及时维修，避免因设施存在的安全隐患给幼儿带来伤害。

二、教师应对策略

1. 对幼儿午睡活动中需要特别关注的问题进行剖析与思考，以提高对幼儿午睡活动的科学认识和重视程度，不断反思，总结经验，增强对安全隐患的防范意识，有效地应对和处置幼儿突发安全事故。

2. 根据幼儿的实际情况，制定幼儿午睡环节常规，要求幼儿能独立入睡，养成安静午睡的良好习惯。

3. 在幼儿午睡前检查幼儿身上是否携带小刀、剪刀、纽扣等危险物品，排除安全隐患，以免引发安全事故。

4. 了解幼儿睡眠的个体差异，根据幼儿不同的个性和需要进行区别对待，仔细观察幼儿的动态，掌握幼儿的午睡情况。对晚睡早起、中午不想睡觉、精力特别充沛的幼儿，可把午睡时间推迟几分钟，允许他们在老师身边画画、看书等，让其慢慢安静下来，等他们出现睡意，自然睡下。

5. 幼儿午睡时，教师必须多次检查，做到一"听"、二"看"、三"摸"、四"做"。"听"是指听听幼儿的呼吸是否正常；"看"是指看看幼儿的神态，严密注视幼儿的举动有无异常，一旦发现问题，及时处理；"摸"是指摸摸幼儿额头的温度，看有无发热等异常情况；"做"是为个别踢被子的幼儿盖好被子，防止幼儿感冒。教师要关注细节，善于观察幼儿，提高警惕，防患于未然。

6. 加强幼儿午睡环节的安全教育，开展形式多样、丰富多彩的系列活动，让幼儿了解午睡与成长的关系，养成良好的午睡习惯。教师要纠正幼儿不正确的睡姿，如俯卧、左侧卧、头埋在枕头下或用被子蒙头睡觉，帮助幼儿养成良好的睡觉习惯，杜绝安全事故的发生。

7. 教师应阻止幼儿在床上做一些危险动作，教育幼儿不站在床上打闹、穿衣、叠被等，并告诉他们这样做存在的安全隐患，避免安全事故的发生。

8. 午睡环节，教师应组织幼儿有秩序地上床，禁止幼儿之间相互打闹、推搡，以免发生意外。

9. 对于患病的幼儿，要将其床位安排在靠近教师的位置，以便于照顾。一旦发现有异常表现的幼儿，要查清原因，及时处理解决。

10. 教师要掌握简单的安全事故的处理方法。幼儿掉下床后，应先检查幼儿有无外伤，切忌动作过猛，以免导致二次伤害；观察幼儿是否大哭，是否有呕吐、昏迷等症状；检查幼儿头部是否受伤，有无肿块或流血。教师应及时冰敷幼儿的受伤部位，以缓解幼儿的疼痛；检查幼儿四肢的活动情况，如果没有发现异常，可以让幼儿通过玩玩具来活动肢体。如果幼儿手脚不能动，并感到疼痛，可能是骨折或脱臼，应立即带幼儿到幼儿园保健室检查。如果幼儿的皮肤划破，教师应及时进行消毒处理；若幼儿呕吐，应立即叫救护车，并让幼儿侧躺，避免呕吐物堵塞气管；当幼儿出现无意识、持续呕吐、痉挛等症状时，要马上叫救护车，将幼儿送往医院治疗。

11. 教师要教给幼儿安全上下床的方法，上床前，要摆好自己的鞋，方便下床时穿鞋。

12. 教师要了解幼儿入睡的习惯，因人而异安排床位，让入睡快、睡觉习惯好的幼儿和入睡慢的幼儿在一起睡觉，不能把入睡慢、不喜欢入睡的幼儿安排在一起，以免他们互相影响，干扰睡觉。对于有特殊情况的幼儿，如生病、尿频的幼儿，要及时关注、细心照顾。

13. 教师要教育幼儿起床时保持安静，不打闹，穿好衣服和鞋袜，及时组织幼儿大小便、喝水、洗脸、梳头发等，有序地进入活动室。等幼儿都安全走出休息室后，再整理床铺，以免发生安全隐患。

14. 教师要提升自身的管理能力、组织能力，在午睡环节，高效组织，合理安排，让幼儿远离伤害，健康成长。

15. 组织主题教育活动，把午睡及起床后的过程中容易出现的安全事故制作成动画，让幼儿观赏，加深幼儿的印象，矫正幼儿的不良习惯，避免安全事故的发生。

16. 加强幼儿的文明礼仪教育，教育幼儿养成谦让、友好、有序的习惯，避免安全事故的发生。

17. 要及时为在安全事故中受到伤害的幼儿进行心理疏导，让幼儿勇敢面对，接受教训，避免此类安全事故的再次发生。

18. 要及时与家长沟通，了解幼儿的详细情况，与家长共同制定切实可行的方案，培养幼儿良好的午睡习惯。

三、家长应对策略

1. 形成正确的教育观念，对幼儿不溺爱、不放纵，教育幼儿遵守幼儿园的一日常规，养成良好的行为习惯，促使幼儿健康成长。

2. 及时与教师沟通，和教师共同制定切实可行的方案，让幼儿养成良好的午睡习惯，保证幼儿健康成长。

3. 培养幼儿的自理能力，如自己铺放被子、枕头，自己穿脱衣服、鞋袜等。

4. 对睡觉习惯不好的幼儿，家长要努力纠正其不良习惯。

5. 通过讲故事、背儿歌等方式，让幼儿了解午睡环节容易发生的安全事故，让幼儿远离安全隐患，健康成长。

6. 督促幼儿自觉遵守幼儿园制定的常规要求，不携带危险物品入园，午睡时要保持安静。

附一：

睡前准备儿歌

幼儿园，静悄悄，小朋友，睡午觉。
睡觉前，要知道，先小便，不可少。
老师责任要尽到，安全第一警戒高。

午睡儿歌

小朋友们准备好，午睡时间马上到，
先放枕头再铺被，鞋子放在床下了。
先脱裤子后脱衣，莫要慌张不急躁，
睡前不要乱说话，躺进被窝好睡觉。

附二：

幼儿园午睡环节安全管理制度

午睡是幼儿一日生活中不可缺少的环节，午睡质量会直接影响到孩子下午的精神状态。有研究表明，午睡质量好的孩子精力更充沛，记忆力更好，反应更灵敏。幼儿午睡时，教师常常容易轻松警惕，疏于管理，从而引发意想不到的安全事故。为此，特制定《幼儿园午睡环节安全管理制度》。

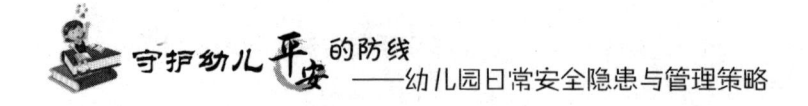

一、制定《幼儿园午睡环节安全管理制度》，明确教师在幼儿午睡环节的职责与任务，教育幼儿自觉遵守，杜绝安全事故的发生。

二、制定科学的幼儿午睡环节操作流程，让教师规范操作，提升教师指导幼儿午睡环节中预测安全隐患的能力。

三、加强教师对幼儿午睡环节的监管与监督，严防教师脱岗、离岗，杜绝安全事故的发生。

四、幼儿园要根据大、中、小班配备标准幼儿床，确保牢固、结实、耐用，并设有围栏，床、栏杆的高度应与大、中、小班幼儿相适应，确保幼儿午睡安全。

五、教育幼儿养成良好的午睡习惯：午睡前，不嬉戏，不打闹；午睡时，不站在床上脱衣服，不带危险物品入睡，防止安全事故的发生。

六、午睡起床后，组织幼儿排队有序地进入盥洗室大小便、洗脸，不拥挤，不碰撞，教师仔细看护，确保幼儿安全。

七、幼儿园要对教师进行突发事故应急处理知识培训，让教师掌握必要的突发事故应对处理方法。

八、幼儿园、教师要把《幼儿园午睡环节安全管理制度》落实到位并严格执行。

第十二章

大型活动 环节存在的安全隐患及对策

第十二章　大型活动环节存在的安全隐患及对策

幼儿园组织的大型活动是幼儿非常喜欢的活动形式。幼儿园大型活动指的是幼儿园为了开发幼儿的智力、培养幼儿的技能、开阔幼儿的视野、促进幼儿全面发展而有目的、有计划地组织全园幼儿参加的形式多样、内容丰富的活动。

由于幼儿园组织的大型活动，参加的幼儿人数多且集中，场面大，幼儿年龄小，活泼好动，好奇心强，如果教师对诸多细节、环节稍有疏忽，就可能出现这样或那样的安全隐患，造成严重的后果。对此，本章列举了相关具体案例，加以详尽地论述。

案例

一、"六一"会演出意外，祸因居然是鞋带

六一儿童节是孩子们的节日，每到这个时候，幼儿园都会组织丰富多彩的大型庆祝活动。今年，幼儿园为了庆祝六一儿童节，组织全园孩子进行文艺会演，要求全体幼儿踊跃参加，并邀请幼儿家长来园观看，积极参与各项庆祝活动。

因为六一儿童节是幼儿园一年中最隆重的活动之一，所以幼儿园对此次活动非常重视。活动前夕，幼儿园装扮一新，大门口的电子显示屏循环展播节日祝贺语及孩子们的活动掠影，园内大树上挂满颜色鲜艳的彩球，处处呈现出喜庆的节日氛围。

为了保证演出效果，幼儿园专门搭建了舞台，并邀请了专业的音响设备师等人员。当天早上，幼儿园披上了节日的盛装，孩子们跳跃着、欢笑着，在家长的陪同下来到幼儿园。教师们根据节目顺序，积极准备着自己班即将上演的节目。

大班孩子表演的节目是《精忠报国》，孩子们穿上演出服装并化了妆，颇有专业演员的味道，每个孩子的脸上都流露出兴奋和喜悦之情。由于班上的 20 个男孩全部参加表演，所以舞台显得有点儿拥挤。根据故事情节及角色要求，音乐一放，孩子们就奔向舞台，这时参与节目表演的爽爽因鞋带没有系好，冲向前台的时候踩到了自己的鞋带，突

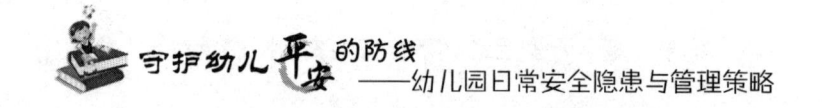

然摔倒，狠狠地磕在了台上，教师及家长赶忙将他扶起来，可爽爽说自己腿疼走不了路，家长把他送到医院，经过检查后诊断为腿骨骨折。

二、春游活动谨防范，幼儿磕伤出意外

每年春暖花开的时节，幼儿园都要组织孩子们到郊外春游，目的是让孩子们走进大自然，感受春天的气息，领略春天的风光。今年春天，幼儿园决定举行亲子远足春游活动，让幼儿与同伴、家长一起参加游戏活动，感受与同伴、父母共同活动的乐趣。

为了保障这次活动的顺利进行，幼儿园做了充分的准备。幼儿园领导集体研究确定春游的路线，预先告知家长本次活动的目的以及需要配合的事项，要求教师准备游戏及所用道具。孩子们要背上小书包，大班的孩子还要带上画纸和画板。四月草长莺飞，鲜花盛开，孩子们一走进风景区，立刻兴奋起来，不住地叫喊，笑着，跑着。

按照活动预案，幼儿园安排的活动流程如下：（1）幼儿集体朗诵所学的古诗《春晓》《春夜喜雨》《咏柳》《春日》《小草》《清明》等。（2）幼儿、教师以及家长一起进行有关春天的歌曲对唱，如《春天在哪里》《柳树姑娘》《小燕子》等。（3）幼儿与教师、家长徒步欣赏美景，感受春天的变化。（4）亲子游戏活动：每班组织 2~3 个亲子游戏。（5）画春：大班孩子以"美丽的春天"为主题写生。（6）结束活动，合影留念。

林老师安排的游戏项目有三个，都是孩子们喜欢的，分别是"闪电小飞人""袋鼠宝宝""丛林密布"。首先开展的游戏是"闪电小飞人"，要求孩子们站成一列纵队，三次跨栏，绕过椅子，再原路跑回。看见家长在观看自己的比赛，孩子们非常兴奋，一个个跃跃欲试。林老师先选出 10 名孩子进行游戏，有学学、琪琪、豆豆等小朋友，参与人员分成两组。比赛开始后，分别排在两个小组前面的学学和琪琪同时起跑，琪琪在跨越第三栏的时候突然摔倒，家长和林老师急忙跑过去扶起孩子，由于琪琪跑的速度过快，地面又较硬，摔得比较严重，膝盖磕伤流血了，家长急忙将孩子送往医院医治。

三、参观秋收秋种，孩子被植物叶子划破手指

参观秋收秋种活动是幼儿园综合实践活动的一项重要内容，目的是带领幼儿认识农作物的种植和生长过程，让幼儿在参与活动的过程中对常见的农作物有更直观和更深入的了解，感受劳动的辛苦和快乐，体验农作物成熟时参与采摘的乐趣。

幼儿园对此活动高度重视，为了确保活动有序、安全进行，做了大量具体的准备工作：（1）提前与农业科学研究所（以下简称"农科所"）联系，取得工作人员的支持和配合。（2）确定外出路线，考虑道路安全因素。（3）对幼儿提出安全和卫生方面的要求。（4）联系好车辆，合理安排幼儿乘车事项，检查车况，注意安全出行。活动步骤：（1）出发前，教师要向幼儿交代活动的具体要求，让幼儿带着问题和目的参观，并向幼儿讲清楚乘车安全及参观注意事项。（2）在参观过程中，教师要密切关注本班幼儿的行走安全并及时清点人数，避免幼儿掉队。同时要引导幼儿观察农作物的外形、生长特点等，使幼儿有更多的收获。（3）在征得农科所工作人员同意的情况下带领幼儿参加采摘活动。（4）回园后可组织延伸活动，帮助幼儿回忆此次参观的过程，分享参观后的收获。

吃完早饭后，孩子们离开幼儿园，欢呼雀跃地奔向门口的校车，一路欢歌笑语。车辆行驶了20多分钟后来到农科所，孩子们下车后，看到空旷的田野里生长的玉米、豆子、花生等农作物时，欣喜不已，拍着小手欢呼着、跳跃着。苗老师组织大班的孩子排着队往前走，来到了一块玉米地。只见一棵棵粗壮的玉米秆上都长着饱满的金黄色的玉米棒子，苗老师掰下一个玉米棒子给孩子们介绍，成熟的玉米棒外面裹着浅绿色的皮，头顶还有一簇老爷爷胡须一般的红缨。苗老师揭开浅绿色的皮，金灿灿、排列得整整齐齐的玉米粒便展现在孩子们眼前。孩子们好奇地用小手小心地触摸着玉米，仔细观察。

观察完玉米，苗老师又带领孩子们去观察黄豆，苗老师在前面带队，边走边给孩子们讲解黄豆的相关知识。孩子们正兴致盎然地听苗

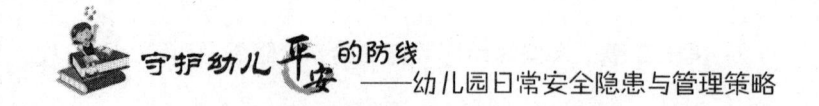

老师讲解，突然传来一阵孩子的哭声。苗老师安排孩子们原地休息，然后沿队伍循着哭声走去，只见苗苗正捏着自己流血的手指。

原来，刚才苗苗看到了老师掰玉米棒子的动作，便想自己亲身体验一下，于是趁大家不注意的时候，偷偷钻进玉米地，但因自己力气太小，不但没有把玉米棒子掰下来，小手还被锋利的玉米叶子划伤了。苗老师急忙带她找随行的保健医生进行包扎，然后结合现场情况给孩子们上了一节生动的安全教育课。苗老师再次向孩子们强调参观过程中应注意的事项：未经老师允许和指导不能随便用小手触摸庄稼的叶子，以免受伤。

四、室外活动隐患多，预案细致不出错

幼儿园组织大班的100多名幼儿去植物园参观。车辆行驶了40多分钟后顺利到达目的地。或许是全市多所学校及幼儿园安排参观的时间比较集中，今天来参观的人很多，植物园里人头攒动，熙熙攘攘。

孩子们陆续下车后排队慢慢行进，突然，一辆面包车从不远处向孩子们的队伍疾驰而来，车速很快，孩子们吓得不知所措，慌成一团。唐老师见状，立即伸开双臂护着孩子，陈老师迅速做出手势，示意司机有孩子通过，应减速慢行，在孩子们的尖叫声中，面包车在距离孩子们两三米的地方才紧急刹车停下来，险些发生交通事故。

参观持续了1个多小时，孩子们喝水休息时，唐教师清点人数后发现少了3个孩子。他急忙通知带队的领导协助寻找孩子，在大家的齐心努力下，终于在厕所附近的大树下找到了3个孩子。原来天气炎热，3个孩子坐在树下乘凉喝水，无意间低头看到黑压压的蚁群正搬运食物，便蹲在地上观察，全然没有注意到老师及其他小朋友已经离开。幸好唐老师及时发现，才没有酿成更大的安全事故。

在回幼儿园的路上，唐老师和陈老师回想起这一天的经历，有很多感触，虽然出发前充分考虑了孩子们的安全问题，但在实际操作中还是有很多偶发的情况，安全管理责任没有完全落实到位，在以后的工作中必须引以为戒。

五、开放日家长多，空间狭小惹灾祸

每学期幼儿园都会举行家长开放日活动，目的是让家长进入幼儿园，进入班级，了解孩子在幼儿园的生活与学习情况，并能主动配合教师，实现家园互动。对这项活动，幼儿园非常重视，专门召开班主任会议，对家长开放日活动做了具体安排：（1）向家长介绍幼儿园的办学理念、课程特色和教学过程。（2）组织观摩活动，各个环节力求组织有序、合理、科学。（3）在组织的集体教学活动中，体现教师新的教育观、儿童观，教师一定要面向全体，使每一个孩子都有展现自我的机会，使家长能够看到自己的孩子在幼儿园的正常表现。（4）活动后，教师发放征询意见表，请家长提出合理的意见和建议，使家长开放日活动真正成为幼儿园、家庭的有效合作交流活动。

刘老师组织的教学活动为散文欣赏《夏天的歌》，孩子们看到自己的爸爸妈妈来到幼儿园，非常兴奋，情绪激昂，积极地参与活动。家长们站在活动室的四周观摩互动，由于活动室面积小，来了这么多家长后，显得很拥挤。

表演环节，在模仿动物的过程中，小青因动作无法施展开，站立不稳绊到椅子，摔倒在地上。刘老师和小青妈妈赶忙扶起小青，看到小青脸上擦伤，脚无法走路，随即将其送往保健室。经保健医生初步诊断，怀疑是脚踝扭伤，需立即送往医院做进一步诊断。后经医院诊断，确为脚踝扭伤，医生对小青进行了医治。

六、春季运动会有预案，把控不好安全难

每年春季，幼儿园都会举行运动会，目的在于宣传幼儿锻炼身体的重要性，引起教师及家长的高度重视，同时检验平时课堂体育教学对增强幼儿体质、发展幼儿身体的协调性与灵活性的成效。

为了激发幼儿参与体育活动的兴趣，让幼儿体验参与体育活动的乐趣，在体育比赛中培养幼儿的竞争意识、合作意识、团队精神及集体主义思想品质，幼儿园还特别邀请家长积极参加。在家长的参与与见证下，培养幼儿机智勇敢、活泼开朗的良好品格，促进幼儿身心健

康发展。

运动会分大、中、小三个年级分别进行。幼儿园提前做好充分的准备,如布置运动场、搭建领奖台等。年级组组长和各班的教师根据班级孩子的年龄特点、认知水平、运动技能等情况,结合各方面的安全事项,选择科学、合理的体育游戏项目,让孩子们的优势在活动中得到充分的展现。一般无特殊情况,要求全体孩子都要参加。

尽管制定预案时已考虑得相当详细,但仍有大班的孩子在跑步时因速度过快而摔伤;中班的孩子学袋鼠跳时被袋子缠住脚,导致脚踝扭伤;小班的孩子推小车时不慎摔倒、磕伤。由此可见,运动会开展之前尽管教师自认为考虑非常周全,但因孩子的年龄特点等因素,还是有很多不好把控的地方需要特别注意。教师在制定完善的预案后,还要充分考虑现场突发状况,密切关注孩子的安全,保证孩子在活动中无安全事故发生。

七、大班毕业典礼,易发生安全隐患

大班的孩子在幼儿园度过了三年幸福快乐的时光,就要离开幼儿园进入小学,飞向更广阔的天空。为了让孩子们把三年的学习、生活成果展现给家长,同时让孩子们体验毕业离园时的惜别之情,记住这一美好而难忘的时刻,幼儿园组织大班的孩子开展大型庆祝活动——毕业典礼。

幼儿园非常重视此次活动,成立了大班毕业典礼筹备领导小组,制订措施,编排节目,积极筹备。为了确保典礼顺利进行,幼儿园要求给每个孩子展现自我的机会,使孩子们体验成长的喜悦,享受毕业典礼的欢乐气氛,加强师生之情以及同伴之间纯真的友谊。此次毕业典礼持续了将近一个半小时,效果很好,也非常圆满,达到了预期的目的。但遗憾的是,三个班级的孩子都因不同情况有受伤的:由于孩子太多,化妆间比较拥挤,秩序有些混乱,化妆时有孩子的脸被眉笔划伤;登台演出时,有孩子因过于兴奋、激动,磕伤了小腿;演出的过程中,有孩子手中的道具意外滑落,演出的其他孩子被道具绊倒而受伤等。在大型活动中,尽管安全防范措施细之又细,但仍有不尽如

人意之处，所以还需特别加强临场应急。

八、演习逼真当实战，演练更能见端倪

每学期幼儿园根据工作实际，会组织防震演练、消防演练、防暴演练等有关安全防范的活动，目的是增强幼儿的安全意识，提高幼儿遇到突发事件时的应变能力，提高教师和各部门间的协同能力，提高全园师生的逃生能力。由于每当举行这样的活动都是全园孩子共同参与，人数多，场面大，因此，安全就成为头等大事，预案需制定周全。

这一次，幼儿园安排的是防震演练，目的是使幼儿掌握应急避震的正确方法，熟悉震后幼儿园紧急疏散的程序和线路，确保在地震来临之时，师生能快速、高效、有序地进行撤离，从而最大限度地保护全园师生的生命安全。同时，通过演练活动，培养幼儿听从指挥、团结互助的意识，提高幼儿在遇到突发事件时的应变能力和自救互救能力。为了确保活动的实效性，幼儿园精心准备，合理安排，科学实施。

尽管预案考虑充分，但在演练实施的过程中，大、中、小班还是有孩子因不同情况而受伤。小班的孩子在避震时，由于年龄小，活动不灵活，加之心理紧张，在躲避到桌子下面时，因动作不到位而磕伤了头。中班三个班的孩子同时下楼梯，队形散乱，人多拥挤，造成孩子摔倒、磕伤腿。大班的孩子虽然动作迅速，能快速跑到操场，但也有孩子在奔跑过程中因相互躲闪不及，发生肢体碰撞，造成轻微碰伤。

应对策略

一、幼儿园应对策略

1. 根据活动的情况成立专门的管理组织机构，安排具体人员负责安全工作，并明确各自的安全职责分工，以确保活动的顺利开展。

2. 每次举行大型活动时都要制定严密的活动方案，方案包括以下内容：活动的工作目标；安全管理组织机构、人员及职责分工；活动的具体措施，包括安全出行的交通工具、活动地点、活动场所、设施设备的安全措施等；安全教育的主要内容；安全事故、突发事件的应急处理程序，包括事故发生后对伤员的救治、事故的报告、现场的处理等；活动出行途中的安全防范措施。

3. 组织园外大型活动，应当提前向上级教育行政部门报批，并按照上级部门的要求采取相应的安全防范措施。

4. 加强管理和监督力度，对活动各个环节的安全防范措施做到层层落实、责任到人。

5. 开展园外大型活动时，要求随行的保健医生携带好急救用品，以防幼儿突发意外。

6. 幼儿园组织大型活动，应当把幼儿的安全放在首位，防止发生安全事故。

7. 在组织大型活动之前，幼儿园要向教师和家长强调幼儿安全的重要性，强化其安全责任意识。幼儿园应提前发放通知，向家长说明活动的目的、活动的具体时间和活动的流程，让家长根据幼儿的身体状况选择是否让幼儿参加活动，不强制幼儿参加。征得家长的同意后，请家长做好活动前的准备工作，并密切配合幼儿园开展活动。提前请家长配合幼儿园对幼儿进行相应的安全教育，切实履行家长的监护职责。

8. 在组织大型活动之前，幼儿园应当对活动场所、行进路线、交通工具、器材设备等进行安全检查，以保证幼儿的安全。其中包括：考察沿途线路是否存在安全隐患，幼儿上下车的地点是否有车辆通行；与出租车辆单位签订含有安全保障内容的正式合同，签订安全责任书，明确各自的安全责任；不得让幼儿乘坐无证、无照人员或无证、无照单位的车辆，不得借用、租用无营运资质的车辆；检查出租单位提供的车辆的安全状况，检查出车司机的安全驾龄情况。幼儿园要及时检查活动中需要使用的器材设备，发现存在安全隐患的，应当在活动举

第十二章 大型活动环节存在的安全隐患及对策

办之前进行维修或更换，以确保活动正常进行。

9. 在大型活动中，一旦发生突发事件，包括幼儿受伤、中毒、休克、走失等紧急情况，幼儿园应当立即启动应急预案程序，及时处理。根据突发事件的轻重缓急，安排专人及时向医疗、公安、交通、消防、卫生部门紧急求助，以保证幼儿的安全。

10. 幼儿园在楼道、走廊等重要位置配置应急灯、照明灯等设施，并确保能正常使用，同时张贴安全提醒标志，杜绝安全事故的发生。

11. 在举行大型活动前，幼儿园要对教师和家长进行安全培训，明确活动的目的、意义及安全应对措施。

二、教师应对策略

1. 活动前召开家长会，告知家长对幼儿进行安全教育的内容，同时对幼儿进行纪律和安全教育，教育幼儿在出行途中要排好队列，不得拥挤，遵守乘车秩序、交通规则和活动场所的规章制度，听从教师的指挥，不得嬉戏、打闹、推搡、乱跑等，不得脱离团队自行活动，发生紧急情况要立即向教师报告。通过安全教育，增强幼儿的自我保护意识，提高其自我保护能力。

2. 在活动进行过程中，教师要时刻关注幼儿的行为，不得让幼儿脱离团队自行活动，要保证每一名幼儿都处在教师的监管之下。教师要在幼儿上下车、进出活动地点、上下楼梯时及时清点人数，防止幼儿走失。活动结束后，教师要提醒幼儿返回途中注意安全，并再次清点幼儿人数，防止幼儿走失。同时，注意观察幼儿活动后的精神状态是否有异常。返回幼儿园后，与家长进行有序交接。

3. 教师要提升大型活动的组织及应对能力，大型活动参与人员多，场面大，存在的安全隐患也多，稍有疏忽便容易出现纰漏。大型活动中常见的事故既有幼儿摔伤、磕伤等个人安全事故，也有火灾、拥挤踩踏、食物中毒等原因引发的群体安全事故。教师要及时排除安全隐患，保证幼儿的安全。

4. 在活动前，教师应制定细致的班级活动预案，并周密部署，合理安排；活动中，教师应有序地组织幼儿文明活动，随时巡查，全程关注；活动后，教师应细心清查、总结，保证活动的效果。

5. 教师组织幼儿出行乘车前，要告知幼儿正确的乘车方法及须遵守的纪律，教育幼儿不可将头和手伸出窗外，保持安静，有序上下车，走路时不交头接耳，不追逐，不打闹，不嬉戏，防止因拥挤造成踩踏等安全事故。到达活动地点后，教师要清点幼儿人数，对幼儿进行安全教育，要求幼儿不得擅自离开集体，注意活动安全。

6. 教师要观察幼儿的身体情况和情绪状态，及时关注意外情况的发生。根据幼儿参与活动的实际情况，给予幼儿适当的休息时间，提醒幼儿喝水、大小便等；根据天气情况为幼儿增减衣服，照顾体质较弱及特殊的幼儿，保证活动的顺利开展和幼儿的安全。

7. 教师要教育幼儿爱护公物，保护环境，不随地乱扔垃圾，做文明的小卫士。

8. 组织大型活动时，教师要将安全教育、安全防范、安全救护贯穿于活动全过程，以避免安全事故的发生。

9. 教师要通过主题教育活动，教给幼儿科学的自救知识，提高幼儿面对突发情况时的自救与求救技能，教给幼儿基本的自救方法，确保幼儿的安全。

10. 做好幼儿的心理安抚工作，避免安全事故给幼儿造成心理障碍，影响幼儿的健康，要正确引导，让幼儿愉快成长。

11. 大型活动结束后，教师要及时总结活动的成功之处及存在的问题，及时收集与整理活动资料，为下次组织大型活动提供有益的经验。

三、家长应对策略

1. 要了解幼儿园组织大型活动的安全教育的重要性，密切配合幼儿园做好相关工作。

2. 参加幼儿园举办的家长安全培训会，掌握安全知识及意外事故的紧急处理方法，以便在幼儿发生安全事故时可以及时施救。

3. 配合幼儿园做好幼儿的安全教育，教育幼儿在活动中遵守纪律，听从指挥，保证幼儿的安全。

4. 加强幼儿的文明礼仪教育，引导幼儿在活动中学会分享、学会谦让、学会合作等。

5. 理性对待幼儿出现的安全事故，做到理解、包容，为幼儿树立良好的榜样，安抚幼儿受伤的心灵，让幼儿健康成长。

6. 引导幼儿积极参与活动，培养幼儿关心集体、热爱集体的思想品质。

附一：

大型活动儿歌

大型活动节目多，人人参与真快乐。
舞蹈小品有展示，还有百灵唱新歌。
邀请家长来参加，孩子心里乐开花。
活动安全别忘记，平安才是重头戏。

附二：

幼儿园大型活动环节安全管理制度

幼儿园组织的大型活动深受幼儿喜爱，有助于开发幼儿的智力，培养幼儿的技能，开阔幼儿的视野，促进幼儿全面发展。由于参加的幼儿人数多且集中，场面大，活动项目和形式多样，幼儿活泼好动，教师不易管控，易突发安全事故。为此，特制定《幼儿园大型活动环节安全管理制度》。

一、幼儿园各部门、教师组织幼儿外出参加大型活动，必须履行安全审批手续，逐级报分管领导、园长审批；组织幼儿集体外出活动，活动组织者要提前制定活动方案，并提出书面申请，要写清活动内容、时间、地点、人员、经费、车辆、安全措施和安全负责人等，审批人必须明确签署意见并签名，同时上报上级行政管理部门。

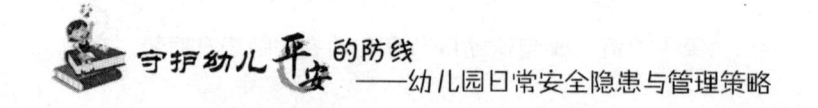

二、组织幼儿外出参加活动要本着自愿的原则，以《告家长书》的形式通知家长，告知家长活动的目的、时间、地点、内容等，并请家长填写好回执送交学校。

三、活动组织者应事先对活动的路线、地点进行实地勘察，并制订安全、保卫、意外事故的应急预案。要注意交通安全，防止幼儿食物中毒、幼儿走失、拥堵踩踏等安全事故发生。

四、活动中需要使用的交通工具必须向有营运资质的专业运输部门租用，要求车况良好，具有客运证照、驾驶证和行驶证，不得超载、超速行驶，幼儿园应与出租单位签订书面合同，明确保险事宜。

五、幼儿园联系旅行社外出参加活动，要选择具有资质和信誉良好的旅行社。要与旅行社签订书面合同，明确保险事宜，对旅行社使用的车辆和安排的线路要认真检查，确保安全后方可出行。

六、外出活动要由校级领导带队，相关部门要负责活动的组织、安全、后勤服务等工作，明确职责，落实到人。对带班教师和相关人员进行有针对性的安全教育，声明活动纪律和安全防范规定，明确安全责任人。

七、出发前，活动组织者和带班教师要提前对幼儿进行安全教育，明确活动安排，对活动中的相关注意事项和准备工作进行指导，并做好人员的清点、上报工作。

八、参与活动的全体领导和教职工要以高度的责任心对每个幼儿的安全负责，密切关注幼儿的情况，抓好安全管理工作，确保外出活动万无一失。组织幼儿有序排队上车、下车，教育幼儿要礼让，乘车时不要将头、手伸出窗外等。到达目的地后，要认真组织和开展活动，不可随意"放羊"。教育幼儿不到危险的地方玩耍，特别是靠近山、水及偏僻的地方。带班教师要加强巡视，分管领导要做好监控，发生事故要及时采取应急措施。

九、活动结束后，要按时在规定的地点集中，带班教师清点人数并上报，以免幼儿走失。

第十二章 大型活动环节存在的安全隐患及对策

十、活动结束后,活动组织者要对活动情况进行总结,并向上级部门汇报活动情况。

十一、未经安全审批而组织幼儿外出参加集体活动,或虽经审批但因未能遵守本制度,或因未落实安全措施而发生安全事故,将严肃追究活动组织者和相关人员的责任。

十二、幼儿园领导、教职工要把《幼儿园大型活动环节安全管理制度》落实到位并严格执行。

第十三章

离园环节存在的安全隐患及对策

第十三章　离园环节存在的安全隐患及对策

　　幼儿园的离园环节是幼儿一日生活中的重要环节，对幼儿的发展及良好行为习惯的养成有重要的作用。教师要充分利用这一契机，有计划、有目的地帮助幼儿整理自己的物品、梳理自己一天的收获，提高幼儿的自我服务技能和生活能力，培养幼儿良好的生活习惯和行为习惯。

　　幼儿在离园这个时段，想到父母就要来接，往往比较兴奋，整个班级容易处于组织松散的混乱状态，例如出现幼儿随便乱跑、与同伴相互打闹等现象，容易产生安全隐患。对于教师来说，幼儿一日活动中最难处理的就是离园环节。在幼儿离园这个环节，进出的家长多且集中，秩序不易管控。为此，本章列举大量具体案例，将事理紧密结合，对离园环节存在的诸多安全隐患及应对策略加以重点阐述。

案例

一、临近放学心浮躁，避免碰伤最重要

　　对值班教师来讲，孩子离园前这段时间非常紧张且需十分小心，教师必须心平气和、思路清晰、遇事果断地加以应对，如果把控不住局面，安全事故随时会发生。

　　临近放学，想到就要与离别一天的家长见面了，孩子们内心充满了期待，情绪变得躁动不安。对教师来讲，此时要积极疏导，使孩子们心情平复，平安离园。

　　离园的时间马上就要到了，尹老师和安老师正忙着安排孩子离园前的准备工作。首先，让孩子们安静下来，不许相互追逐打闹、乱蹦乱跳。其次，让吃完饭的孩子把自己的椅子靠墙放置，依次序坐在椅子上耐心等待家长来接，同时提醒还没有吃完饭的孩子不要吵闹喧哗，集中精力吃饭。

　　按照分工，尹老师负责看管学生，安老师负责洗刷碗筷、给餐具消毒、打扫教室及盥洗室的卫生。一位教师看管几十个情绪激动等待放学的孩子确实有点难度，再加上有几个孩子比较活泼淘气，所以活

动室内比较乱。刚吃完饭的豆豆和鹏鹏每人拉了一把椅子，靠墙边挨着坐下。豆豆不小心踩到了鹏鹏的脚，鹏鹏抬腿踢了豆豆一脚，平时就淘气的豆豆也不甘示弱，顺势推了鹏鹏一把，鹏鹏没坐稳，身子失去平衡，头磕在旁边的桌子角上，疼得捂住头哭了起来。尹老师急忙过去，看到鹏鹏额头上正在流血，匆忙抱起他去幼儿园保健室医治。

二、心情激动迎家长，行动慌乱头磕伤

下午离园时间，家长接孩子的时间比较集中，为了避免接孩子出现失误，李老师和张老师同时在校门口忙着与家长交接孩子。突然，齐齐跑过来对李老师说翔翔的头流血了。李老师安排张老师接待家长，自己急忙和齐齐一起跑进盥洗室，此时翔翔正坐在地上哭泣。

翔翔满手是血，可能看到自己手上的血迹较多，心中害怕，两只小手不时地在脸上抹来抹去。经过仔细观察，李老师终于发现出血点在翔翔的额头上方，头发盖着，伤口并不大。

找到了出血点，李老师心情平静了许多，根据自己以往的经验感觉问题不是太大，就抱起翔翔去了保健室。此时翔翔的家长也已经来到幼儿园接孩子，保健医生迅速给孩子处理完伤口，因担心孩子脑部出现问题，保健医生建议李老师和家长一起将翔翔送往医院做进一步检查。

事后，李老师了解得知，按照幼儿园的规定，离园时间幼儿在教室排好队等候家长，翔翔排在队伍的最前面，可能是之前喝水太多，翔翔忽然想小便，为赶时间自己就飞快地冲向盥洗室，慌乱中上台阶时因脚踩空而摔倒，头磕到台阶的边沿上，额头上磕了一个口子。

三、送接环节出疏漏，监管缺位有隐患

下午幼儿园放学的时间，田老师和万老师在活动室门口忙着接待前来接孩子的家长，与部分家长交流有关孩子生活、学习的问题。有的小朋友坐在凳子上静静等待家长的到来，有的则在活动室自行玩耍。由于教师正在忙碌，对孩子监管出现暂时的缺位。

突然，从活动室传来一阵哭声，原来贝贝和琪琪在争抢一个积木

玩具的时候，因两人互不相让，争抢激烈，玩具碰到了琪琪的眼睛，琪琪的眼角皮肤被玩具蹭破，鲜血顺着脸颊流了下来。田老师赶紧将琪琪送到保健室，保健医生简单处理后，担心伤口感染，又和田老师一起把琪琪送到医院进行诊治。虽然医生的诊断结果表明琪琪的伤势并无大碍，但琪琪的家长还是对幼儿园及教师疏于照看孩子而感到非常不满。

面对家长的埋怨，田老师和万老师感到很委屈，认为自己当时忙于接待家长和交接孩子，按照以往惯例，孩子在教室里一般是安全的，以前也没出过什么问题。琪琪的家长则认为，既然把孩子交给幼儿园，幼儿园就要负起相应的责任，不能让孩子脱离教师的监管，此次事故教师难辞其咎。

四、接到孩子要监管，孩子活跃不安全

下午幼儿园放学的时候，维维妈妈到幼儿园接孩子。维维走出教室后，被操场上快乐玩耍的小朋友吸引了注意。他请求妈妈同意自己玩一会儿再回家，得到妈妈的许可后，维维高兴得心花怒放，立即奔向了幼儿园室外活动区。他先从活动区的玩具筐里拿出一个皮球，在操场上边走边拍。妈妈看见维维玩得高兴，一时走不了，自己又没事情可做，便沿着教室走廊看墙上张贴的宣传内容。

维维在玩皮球的过程中充分发挥自己的想象力，玩起了"特技"。在一次皮球落地后，维维试图用双脚踩在球面上，试了几次，终于双脚踩到了球面上，但还没来得及向别人展示，维维的身体便失去了平衡，脚下的球猛然滑动，维维一个跟头摔倒在仿真草地上，虽然草坪有一定弹性，但由于惯性作用太大，维维的一颗门牙被磕掉了，疼得他大哭起来。

听到孩子的哭声后，维维妈妈飞快地赶过来。由于孩子已全部被家长接走，维维的班主任孔老师正在打扫活动室卫生，听到维维的哭声后，也迅速跑到室外活动区，看到维维妈妈正心疼地抱着满嘴是血的维维。孔老师把班级工作安排给赵老师后，匆忙和维维妈妈一起将

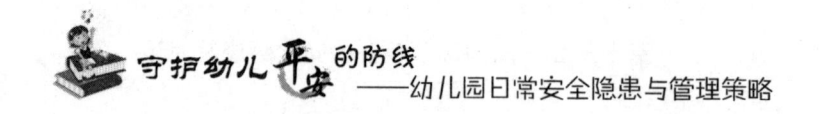

维维送到医院救治。

五、接到孩子须监管，孩子疯玩最危险

家长接到孩子后，有的孩子不愿回家，总想在室外活动区再多玩一会儿，家长拗不过孩子，就让孩子在室外活动，此时如果家长放松监管，孩子便容易出现危险。

毛毛和豆豆的家长接到孩子后，两个孩子都强烈要求到室外活动区和小朋友一起玩耍，无奈之下，两位家长同意了。放学后的活动区非常热闹，大、中、小班的孩子混在一起，有时难免会为了自己喜欢的玩具而发生争执。

毛毛和豆豆虽然在一个幼儿园，但彼此之间并不认识。不过两个孩子一会儿时间就成了好朋友，一起玩玩具、骑三轮小车、玩滚筒、拍皮球……家长看孩子玩得开心，渐渐放松了对孩子的看管。

过了一会儿，传来了孩子的哭声，毛毛和豆豆的家长陆续赶到，看到两个孩子正厮打在一起，连忙上前阻止，经过询问得知，两个孩子都想玩户外漂移车，但只有一辆，两人互不相让，便发生争抢，两个孩子的脸上都有不同程度的抓伤。家长因心疼自己的孩子，也相互争吵了起来，最后在幼儿园领导的劝说下，矛盾才得以解决。

六、家长安全意识淡薄，幼儿意外摔下楼梯

潇潇妈妈接到潇潇后，潇潇对妈妈说了声"我下楼去玩具场玩一会儿"，没等妈妈交代完话，就不见了踪影。

潇潇妈妈心想着在幼儿园应该不会出现安全问题，就放心地看教室前面的家园联系栏内容。潇潇飞快地跑到楼梯口处，他看四周无人，就想快速下楼。于是他骑在楼梯扶手上顺势滑了下去，但到了楼梯拐角处因惯性没有及时停稳，身子从楼梯扶手上甩了出去，头部磕在楼梯拐角处的墙上，顿时血涌出来。

此时刚好楼下一个骑单车的小伙伴从楼梯处经过，看到了受伤倒地的潇潇，就急忙报告老师，老师立即把潇潇抱到保健室。包扎完毕之后，经过询问找到了潇潇所在班级的老师，并通知了还在看家园联

系栏的潇潇妈妈。

得知孩子摔伤的消息后，潇潇妈妈匆忙赶到保健室，看到头部受伤的潇潇，因自己没有监管好孩子内心充满了愧意。潇潇妈妈向发现潇潇受伤的小朋友、送潇潇到保健室的老师和为潇潇包扎伤口的保健医生表示感谢，因担心潇潇有其他问题，又带潇潇到医院做了进一步检查。

七、家长放任孩子嬉戏，危险随之而来

离园时段，家长和教师完成孩子交接后，孩子们蜂拥而出，都挤到了幼儿园室外玩具场上。大型玩具是孩子们共同喜爱的，家长们则三五成群地聚到一起，家长里短地聊天打发时间，放松了对孩子的监管。

突然，大伟妈妈听到了儿子的哭声，她循声望去，看到大伟正痛苦地趴在地上。她急忙赶过去想扶起大伟，但大伟因腿疼站不起来。在其他几位家长的帮助下，大伟妈妈急忙把大伟送到医院，后经医院诊断，大伟系小腿骨折。

事后，大伟的班主任王老师了解到，大伟和隔壁班级的聪聪滑滑梯时，大伟挡住了滑梯上窄窄的通道，聪聪让他让开，他没有让开，聪聪一怒之下把他从上面推了下去。

王老师找到聪聪的班主任夏老师及聪聪妈妈一起到医院看孩子，双方家长坦诚地进行了沟通，最后达成谅解，平息了这场风波。

八、规章制度不落实，安全漏洞须警惕

青青妈妈来幼儿园接孩子，可肖老师说，青青被舅舅接走了，青青妈妈一脸的茫然，说没有让舅舅来接。肖老师听了青青妈妈的话后顿时紧张起来，连忙和青青妈妈一起去玩具场寻找孩子，可并没有发现孩子的踪影。青青妈妈焦急地打电话询问家人及亲友有没有接到孩子，但得到的回答让她焦虑不安。幼儿园领导得知情况之后迅速安排几位教师一起寻找孩子，青青班里其他孩子的家长也自发参与进来。大家逐条街逐个门店地询问和查找，寻找了一个多小时，最后发现青

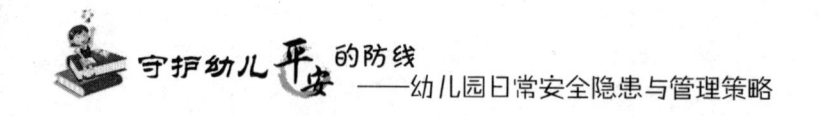

青被邻居小飞接走了。因为平时青青妈妈让青青叫小飞舅舅，肖老师看到青青亲近地叫小飞舅舅，也就非常放心地让小飞把青青接走了。

事后，幼儿园领导要求所有教师进行深刻反思，必须严格遵守幼儿园的规章制度，保障孩子接送安全。幼儿园不仅对值班教师做了严肃处理，还要求其他教师引以为鉴，坚决杜绝此类情况再次发生。

九、交接不到位，安全隐患大

幼儿园放学时间，很多家长前来接孩子，因人数较多，现场有些混乱。随着其他孩子一个一个被家长领走，磊磊心神不定，焦急地等待着妈妈的到来。

由于天色渐晚，光线不太亮，磊磊透过窗户隐隐约约地看见妈妈来了，他高兴地对宋老师说了声"妈妈来了"，宋老师抬头看了一眼，像是磊磊妈妈的身影，就让他出去了。磊磊高兴地跑过去，走近一看不是妈妈。失望的磊磊想回到教室，可当他向教室门口走去的时候，众多家长拥挤地挡在他面前，根本进不去，磊磊无奈之下就一个人凭记忆向家的方向走去。

磊磊妈妈因为堵车耽误了时间，等她急匆匆跑到幼儿园接孩子的时候，宋老师才意识到她和磊磊判断失误。磊磊跑出教室之后，她以为磊磊已经被接走，而磊磊妈妈的出现使她认识到问题的严重性。宋老师把磊磊走之前的情景向磊磊妈妈复述了一遍，赶忙交代王老师照看好其他孩子，自己和磊磊妈妈一起出门寻找磊磊。

磊磊妈妈开着车按照平时接送磊磊的路线向家的方向寻找，坐在车上的宋老师不停地在人来人往的人流中寻找磊磊的身影，终于在一个十字路口处找到了正在等待过马路的磊磊。

看到孩子安然无恙，宋老师、磊磊妈妈抱着磊磊长长地松了一口气。

十、家长有失监管，孩子遇到危险

离园时段，家长接到孩子后，大多数孩子都喜欢到玩具场玩一会儿再走，很多家长把孩子带到玩具场后，便开始聊天、玩手机打发时间。

忽然，传来了孩子的叫喊声，家长们急忙走上前去，看是不是孩子出现了什么问题。原来几个男孩子在玩"摞压游戏"，一个孩子压在另一个孩子身上，第二个、第三个孩子接二连三地压上去，上面的孩子开心地笑着、喊着、闹着，被压在最下面的思思因承受不住这么重的压力拼命地叫喊起来。因孩子太小，只知道嬉戏，上面的孩子根本不知道后果的严重性，在多次叫喊无效的情况下，思思痛苦地、声嘶力竭地哭了起来。

思思妈妈看到自己的孩子被压在最下面，急忙让上面的孩子起来。等思思妈妈把思思扶起来时，思思的右腿已不能动弹。在其他家长的帮助下，思思妈妈把思思送到医院。经医生检查，思思的右腿骨折，需要打石膏静养治疗三个月。

十一、家长聊天太投入，孩子丢失引慌乱

中班的毛毛被奶奶从教师手中接走后，请求奶奶让他到幼儿园玩具场玩一会儿。在玩具场，毛毛奶奶遇到了一位好久不见的同事，久别重逢，两人站在玩具场一边，打开话匣子，家长里短地聊起来。毛毛在玩具场上和程程一起玩变形金刚，两人在一个小区居住，相互之间比较熟悉，奶奶看毛毛和程程一起玩得很快乐，就放心地和老同事继续聊天。

看天色已晚，程程妈妈要带程程回家，毛毛和程程玩得正开心，就跟着程程一起走出了幼儿园。程程妈妈问毛毛有没有跟奶奶交代，毛毛随口说奶奶知道，程程妈妈没有再细问就带着他们两人走了。

过了一会儿，毛毛奶奶打算带毛毛回家，可是在玩具场找不到毛毛，才意识到自己只顾聊天，忘了孩子，顿时慌了手脚。她急忙找到老师。老师很快通过广播播放了寻找毛毛的信息，还请其他孩子的家长帮助寻找，并及时通知了毛毛的父母。

大家分头寻找，在幼儿园及附近街道仔细找了一遍也没有见到毛毛的踪影。有人建议毛毛奶奶回家看看孩子是不是自己回去了。平时

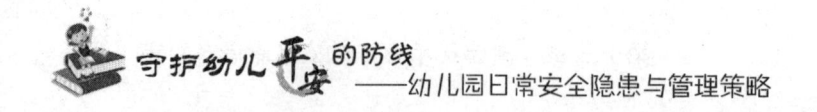

奶奶都是先把毛毛接到自己家，晚上毛毛的爸爸妈妈下班之后再把毛毛接走。奶奶回到自己家小区，没有见孩子回来。奶奶又去了毛毛家小区寻找，在小区的花坛边看见毛毛和程程正在开心地玩玩具，奶奶才舒了口气，顿时瘫倒在地。

毛毛家小区的保安看到毛毛奶奶身体出了问题就过来搀扶，毛毛奶奶眼含泪水说："快给毛毛爸爸打电话，说孩子找到了。"毛毛奶奶因心情紧张导致心脏病复发，保安及时拨打120急救电话把毛毛奶奶送到医院。

应对策略

一、幼儿园应对策略

1. 制定《幼儿园离园环节安全管理制度》，要求教师、家长严格执行，以确保幼儿万无一失。

2. 要求各班班主任制定班级安全常规要求，各班教师熟知离园环节的操作流程，确保幼儿安全。

3. 加强教职工的安全培训，增强教职工的安全意识，提高教职工的安全防范能力，确保幼儿安全。

4. 加大安全管理力度，教师签安全目标责任书，落实幼儿园安全检查制度，确保幼儿接送安全。

5. 确立离园接送制度并严格执行，要求家长必须持接送卡接幼儿，严防幼儿错接或走失。

6. 加强门卫管理，增强保安人员的责任心，严防幼儿私自离园。门卫需经过安全保卫技能培训，并严格执行门卫制度。家长接送幼儿时，门卫必须站在门口把关，拒绝无接送卡的人进园，对陌生人要严加查问，严防可疑人员进入，必要时还可预备一些防卫的器械，如电警棍、木棍等。

7. 落实离园后体育器械的管理制度，严防放学后幼儿拥挤争抢玩具，造成意外伤害事故。

8. 召开家长会，明确离园时段的规章制度，告知家长必须严格遵守，避免因家长管理不严而使幼儿发生安全事故。

9. 要求教职工掌握幼儿发生意外事故时的现场紧急处理办法，做到遇事不乱、应对有方。

10. 召开家长经验交流会，让家长主动参与到幼儿园安全管理中来，构建家园共育模式，共同促进幼儿健康愉快成长。

二、教师应对策略

1. 严格执行《幼儿园离园环节安全管理制度》，明确自己的职责，规范自己的行为，确保幼儿在离园时段的安全。

2. 建立班级离园时段常规，注重幼儿良好行为习惯的培养，杜绝离园期间幼儿打架、摔伤等安全事故的发生。

3. 严格执行幼儿园的接送制度，要求教师必须只与持接送卡的家长交接，严防幼儿错接，出现安全事故。教师要加强管理，严防外来人员趁家长接孩子时混进幼儿园内冒领、骗领幼儿，避免造成幼儿伤害事故。对来接幼儿的非固定接送者，教师要认真核对，必须与原固定接送者取得联系，得到许可后方能让其接走幼儿。

4. 严格执行离园时段的操作流程，如离园前幼儿如厕，需有教师陪同；饭后幼儿漱口需在教师的监管下进行，以免幼儿脱离教师的视线，出现安全事故。

5. 重点关注个别有特殊情况的幼儿，如发现生病或情绪异常的幼儿，要及时向家长反馈幼儿的具体情况，以便家长及时送医治疗。

6. 离园时，教师要分工明确，监管好幼儿，以免幼儿处于游离状态，出现安全事故。

7. 离园时，教师与家长交流的时间不能过长，以免因监管不周，造成幼儿磕伤、摔伤等安全事故。

8. 离园时，教师要热情周到、细致，教育幼儿要排队等候家长来接，要学会使用礼貌用语，离园时要和老师说"再见"等。

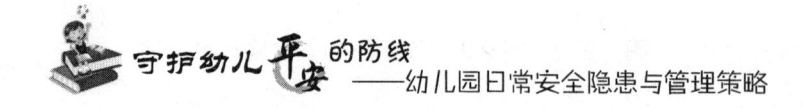

9. 教师要牢固树立幼儿生命第一、安全第一的理念，将安全教育和安全防范工作作为班级管理的一项重要工作。

10. 要定期对体育运动场地、大型玩具、体育设施、体育器材进行检查，一旦发现安全隐患，及时整改。

11. 离园时段，教师要严密组织，明确常规，提前预测存在的安全隐患，及时采取措施，尽量避免安全事故的发生。

12. 教师要提升组织幼儿离园时段的安全防控技能，培养幼儿的自我保护意识和安全防范能力，注意把安全放在首位。

13. 如果幼儿之间发生争执，教师要心平气和地耐心教育，公平、公正地化解幼儿之间的矛盾，避免安全事故的发生。

14. 教师要做好受伤幼儿的安抚工作，帮助幼儿克服因安全事故形成的心理障碍，让幼儿勇敢面对，健康成长。

15. 幼儿发生安全事故后，教师要正确处理，将幼儿发生安全事故的具体原因翔实告知家长，不隐瞒，并向家长道歉，主动承担责任，让家长感受到自己的歉意和善意，用自己的爱心和真诚换取家长的谅解，从而顺利平息风波。

16. 教师要能安全地管控幼儿，并对幼儿进行必要的安全指导和教育。

17. 离园时，要清点人数，检查幼儿的手、脸是否干净，衣服是否穿好，是否有尿裤子现象，并观察幼儿的精神状态有无异常。

18. 培养幼儿整理自己的物品的习惯，当天脱下来的衣服要在家长接幼儿时让幼儿带回去。

19. 离园时段，由于园内人来人往，环境嘈杂，教师要提高警惕，对园内的活动场所、器材加强管理，对幼儿的活动加强引导和监督，防止幼儿在离园前发生安全事故。

20. 召开家长会，要求每位家长都要看护好幼儿，应时刻关注幼儿的安全。幼儿在玩耍时，家长应做到自己的视线不离开幼儿，以免发生安全事故。

21. 教师要引导家长用正确的方法处理好意外冲突事件，学会忍让与宽容，为幼儿树立榜样。

22. 平时应当对幼儿开展防走失、防拐骗的安全教育与演练，通过演习、做游戏、讲故事等多种方式，增强幼儿的自我保护意识，提高幼儿的自我保护能力。要让幼儿记住自己所在幼儿园的名称、家长的电话、家庭住址，教育其不要单独外出，不要跟陌生人走，遇到紧急情况要向警察或其他可靠的人员求助。

23. 要在大型玩具旁设立安全提示标志，以便时刻提醒、引导幼儿采取安全的方式进行活动。

24. 对幼儿开展认识安全标志的教育活动，让幼儿理解各种安全标志的含义，并养成时刻留意自己身边的安全标志的好习惯。

25. 家长接完幼儿后，教师要检查活动室、盥洗室及休息室等，确保没有幼儿滞留后，方可锁门离开。

三、家长应对策略

1. 严格遵守《幼儿园离园环节安全管理制度》，确保幼儿安全。

2. 认真遵守幼儿园的开放时间，必须在幼儿园规定的离园时间带幼儿离园，不能让幼儿在幼儿园内长时间逗留、玩耍，以免出现安全事故。

3. 家长应配合幼儿园做好安全防护工作，协助教师让幼儿遵守离园时段的常规要求，防止意外事故的发生。

4. 加强幼儿的文明礼仪教育，引导幼儿学会等待、学会谦让、学会合作等，让幼儿健康成长。

5. 教会幼儿自我保护的方法。如离园时，要耐心地等待家长来接，不要跟陌生人走，未经家人允许不能私自和别的小伙伴离园等。

6. 接到幼儿后，不要让幼儿单独游玩，不要长时间在幼儿园逗留，要让幼儿在自己的视线范围内活动，以免造成意外事故的发生。

7. 培养幼儿的自理能力，教幼儿学会整理自己的物品、书包等，耐心等待家人来接，不要在活动室里乱跑、嬉闹，未经教师允许不得私自离开幼儿园。

8. 理性对待幼儿出现的安全事故，做到理解、包容，为幼儿树立良好的榜样，安抚幼儿受伤的心灵，让幼儿健康成长。

9. 让幼儿记住家庭住址、父母的姓名和联系电话，知道自己遇到危险时，如何正确拨打急救电话。

10. 持接送卡接送幼儿，如有遗失，及时通知教师，并且快速补办。

11. 要尽量由固定的家庭成员接幼儿，如果有变动，及时通知教师，说明原因，并且确认由谁来接。

附一：

离园儿歌

妈妈接我出学校，安全知识要记牢。
不东望，不西瞧，紧跟妈妈不乱跑。
看到零食都不要，妈妈夸我好宝宝。
平平安安回到家，全家幸福真美妙。

附二：

幼儿园离园环节安全管理制度

对于教师来说，幼儿园一日活动中最难处理的可能就是离园环节，不少幼儿园教师都戏称该环节是"打仗"环节。幼儿离园时段，进出人员多且集中，场面混乱，秩序不易管控，是易突发安全事故的环节。为此，特制定《幼儿园离园环节安全管理制度》。

一、制定《幼儿园离园环节安全管理制度》，要求教师、家长熟知制度常规要求，并严格遵守，避免安全事故的发生。

二、加大安全管理力度，层层签订安全目标责任书，落实幼儿园安全检查制度，确保接送幼儿安全。

三、建立离园接送制度，并严格执行。家长必须持接送卡接幼儿，严防错接或使幼儿走失。

四、加强门卫管理工作，保安人员应增强责任心，不脱岗，不离岗，严防幼儿私自离园，出现走失等安全事故。

五、门卫要经过正规安全保卫技能培训，并严格执行门卫管理制度。家长接送幼儿入园、离园时，门卫必须在门口把关，拒绝无接送卡者进园，对陌生人严加查问，严防可疑人员入园。幼儿园可给保安人员配备防卫器械，确保幼儿园和幼儿安全。

六、幼儿园召开家长会，明确离园时段的安全管理制度，要求家长必须严格遵守幼儿园的安全管理制度，如因家长接送不到位，幼儿出现安全事故，由家长承担责任。

七、教师要提升组织幼儿离园环节的能力，培养幼儿自我保护和自我防范的技能，把安全放在第一位。

八、幼儿园要求教职工掌握突发安全事故时必要的现场紧急处理技能与方法，做到遇事不乱，应对有方。

九、家长要按时接送幼儿，并管理好幼儿，确保幼儿离园安全。

十、教师、家长要把《幼儿园离园环节安全管理制度》落实到位并严格执行。

后 记

《守护幼儿平安的防线——幼儿园日常安全隐患与管理策略》一书即将出版，凝视书稿，感慨万千。书的出版不是为了荣耀，而是为了担起一名教育工作者沉甸甸的职业义务和社会责任。

在本书写作、出版的过程中，我得到了众多领导、导师、同行的支持与鼓励，收获了太多的关爱与感动，在此深表感谢！

感谢河南省教育厅基础教研室丁武营主任对中原名师出版项目的规划、悉心指导和耐心帮助。

感谢浙江师范大学姜根华教授、刘燕飞老师等人对项目推进所贡献的智慧和付出的热情。

感谢闫学导师、张文质导师在本书写作过程中给予全程鼓励、前瞻引领和潜心指导，让我有信心完成书稿。

感谢河南省教育厅基础教研室科研办杨伟东主任在百忙之中挤出宝贵时间为本书作序。

感谢我工作的漯河市市直幼儿园，多年来始终把安全教育放在各项工作的首位，形成了比较系统完善的安全教育内容和知识体系，构筑起一道防患于未然的安全墙，让孩子们在幼儿园精心打造的温馨环境中平安、健康、快乐地成长。

按照幼儿园的一日生活流程，本书分为十三个主题，各主题看似独立，实际上紧密衔接。每个主题下列举了具体的案例，以例、理紧密结合的方式展开阐述，重视实践性、可操作性、实效性和教育性。

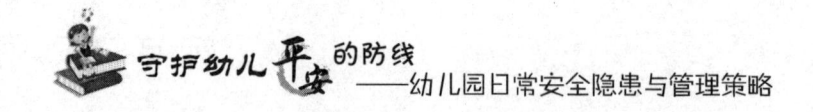

由于水平有限，书中难免存在不足之处，敬请专家、同行批评、指正。

弯丽君

2018 年 8 月 1 日